Die Haftpflicht der Beamten.

Nach Reichsrecht
und dem Recht der deutschen Bundesstaaten
unter Berücksichtigung der Haftpflicht
des Staates (Gemeindeverbandes u. s. w.)

dargestellt von

Landrichter Dr. Delius.

Berlin 1901.
J. J. Heine's Verlag

Vorwort.

Die Materie der Haftpflicht der Beamten bezw. des Staates (öffentlich-rechtliche Korporation) für den aus rechtswidrigen Handlungen der Beamten erwachsenen Schaden hat leider nur in den §§ 839 ff. B.G.B. und im § 12 der Reichs-Grundbuchordnung eine reichsrechtliche Regelung gefunden, während Art. 77 E.G. z. B.G.B. die bisherige Buntscheckigkeit im Uebrigen bestehen ließ. Eine Zusammenstellung des geltenden Rechts, welche bisher noch fehlte, erscheint mit Rücksicht auf die engen Beziehungen zwischen den einzelnen Bundesstaaten geboten, umsomehr als der Geschädigte in manchen Staaten und bei manchen Verwaltungszweigen nicht den schuldigen Beamten, sondern direkt den Staat oder die öffentlich-rechtliche Korporation, in deren Diensten der Beamte steht, in Anspruch nehmen muß, also durch falsche Klageanstellung sich leicht unnütze Kosten zuziehen kann. Da die Ersatzansprüche des Geschädigten unter Umständen erst in 30 Jahren verjähren, war es angezeigt, auch das bisherige Recht zur Darstellung zu bringen.

Der Stoff erwies sich bei der Bearbeitung spröder, als vorausgesetzt werden konnte. Alle Möglichkeiten zu erörtern, war mit Rücksicht auf die überaus große Zahl von Dienstvorschriften und daraus folgenden Amtspflichten nicht möglich, jedoch ist auf jede Beamtenkategorie, soweit etwas besonderes für sie in Betracht kam, ausführlich eingegangen. Auch die Haftpflicht der nicht zu den Beamten zählenden Personen, der Geschworenen und Schöffen, der Schiedsrichter, der Beisitzer in den Sondergerichten, der Rechtsanwälte u. s. w., ist der Vollständigkeit halber miterörtert.

Um den Werth des Buches zu erhöhen sind überall praktische Fälle aus der Judikatur in die Darstellung mit eingeflochten, ja der § 37 ist ausschließlich derselben gewidmet.

Für die Beschaffung der im § 36 enthaltenen gesetzlichen Bestimmungen spricht der Verfasser allen denen, welche ihm dabei behilflich waren, insbesondere den hohen Staatsministerien verschiedener Bundesstaaten, hiermit nochmals seinen besten Dank aus.

Auf die Zusätze S. 133 ff. sei an dieser Stelle ausdrücklich hingewiesen.

Cottbus, im Februar 1901. **Der Verfasser.**

Verzeichniß der Abkürzungen.

a.a.O. = am angegebenen Orte.
Abg. H. = Abgeordnetenhaus.
Abs. = Absatz.
a. E. = am Ende.
A.G. = Ausführungsgesetz.
A.L.R. = Allg. Landrecht für die preuß. Staaten.
And. Ans. = Anderer Ansicht.
Art. = Artikel.
Bd. = Band.
bezw. = beziehungsweise.
B.G.B. = Bürgerliches Gesetzbuch.
Bl. = Blatt.
Bolze = Bolze, Praxis des Reichsgerichts in Civilsachen.
C.P.O. = Civilprozeßordnung für das deutsche Reich in der Fassung vom 20. Mai 1898.
Deutsch. Jur. Ztg. = Deutsche Juristen-Zeitung (Verlag von Liebmann).
E. = Entscheidung.
E.G. z. = Einführungsgesetz zum ....
Entsch. = Entscheidung.
Ges. = Gesetz.
Gl. Ans. = Gleicher Ansicht.
Gruchot = Gruchot's Beiträge.
G.S. = Gesetzsammlung.
G.V.G. = Gerichtsverfassungsgesetz für das Deutsche Reich in der Fassung vom 17. Mai 1898.
J.M.Bl. = Preußisches Justizministerialblatt.
Komp. Ger. = Preuß. Gerichtshof zur Entscheidung des Kompetenzkonfliktes.
K.G. = Kammergericht.
Komm. = Kommentar.
M.Bl. f. d. i. V. = Preuß. Ministerialblatt für die innere Verwaltung.
Mot. = Motive.
N. = Note.
Obertr. = Preußisches Obertribunal.
O.L.G. = Oberlandesgericht.
O.V.G. = Preuß. Oberverwaltungsgericht.
R.G. = Reichsgericht.
R.G.Bl. = Reichsgesetzblatt.
R.O.H.G. = Reichsoberhandelsgericht.
S. = Seite.
Seuff. Arch. = Seuffert's Archiv.
St.P.O. = Strafprozeßordnung für das Deutsche Reich.
St.G.B. = Strafgesetzbuch für das Deutsche Reich.
vgl. = Vergleiche.

Litteraturverzeichniß.

Dernburg, Das bürgerliche Recht. Bd. III.

Endemann, Einführung in das B.G.B.

Foerster-Eccius, Preuß. Privatrecht.

Geser, Die civilrechtl. Verantwortlichkeit der Beamten aus rechtswidrigen Amtshandlungen. Freiburg (Schweiz) 1899.

Haffner, Ueber die civilrechtliche Verantwortlichkeit der Richter (Syndikatsklage). Freiberg i. B. 1885.

Huther, Haftung der Grundbuchbeamten, in der Mecklenburgischen Zeitschrift für Rechtspflege. Bd. XVII, S. 98.

Kappelmann, Haftpflicht der öffentl. Corporationen für schädigende Handlungen ihrer Beamten bei Ausübung der öffentl. Gewalt, im Preuß. Verwaltungsblatt XX, 485.

Kayser, Staatsamt und Staatsdienst. Inaugnraldissertion. Regensburg 1899.

Klewitz, Die Entschädigungsansprüche aus rechtswidrigen Amtshandlungen. Berlin 1891.

Löning, Haftung des Staates aus rechtswidrigen Handlungen seiner Beamten. Frankfurt (Main) 1879.

Nöldeke, Die civilrechtl. Haftung des Richters nach dem B. G.-B. in Gruchot's Beiträgen 42, 795.

Oberneck, Das formelle Reichsgrundbuchrecht in Gruchot's Beiträgen 43, 466 ff.

Pfeiffer, Practische Ausführungen aus allen Theilen der Rechtswissenschaft. Bd. II, S. 381.

Pfizer, Die civilrechtl. Verantwortlichkeit der Beamten, im Archiv f. d. civil. Praxis 72, 92.

Rosenstock, Haftung der Beamten nach dem B. G. B., im Preuß. Verwaltungsblatt XX, 557.

Scholz, Die Haftung des Richters nach dem B.G.B. in der Juristischen Zeitschr. für Elsaß-Lothringen, Jahrgang 22, S. 366;

Schwarze, Haftung des Richters, in der Zeitschr. für Rechtspfl. N. F. Bd. XI (1853), S. 113 ff., Bd. XII, (1854) S. 289 ff.

Stephan, Haftpflicht der Beamten, in der Zeitschr. für Gemeindebeamte. 1901, S. 13 ff.

Sundheim, Praktische Rechtsfragen (1827) I. Ueber Schadensstiftung durch Staatsbeamte und Haftverbindlichkeit des Staates dafür.

Weber, Ueber die Haftung des Richters, in der Zeitschr. f. Civilrecht u. Praxis, Bd. VII, (1834) S. 1 ff.

Zachariae, Ueber die Haftungsverbindlichkeit des Staates aus rechtswidrigen Handlungen und Unterlassungen seiner Beamten, in der Zeitschr. f. die gesammte Staatswissenschaft. Bd. XIX, S. 582-652.

Inhaltsverzeichniß.

Kapitel III.

Kapitel IV.

Kapitel V.

Abschnitt II.

Theil III.

Abtheilung II.

Anhang.

§ 1.

Einleitung.

Hat ein Beamter[1]) in Ausübung seiner amtlichen Verrichtungen oder in Folge Unterlassung derselben Jemandem einen Schaden zugefügt, so fragt es sich, wer hat für denselben aufzukommen. Haftet der Beamte oder haftet der Staat bezw. die öffentlich rechtliche Korporation, in deren Diensten der Beamte steht? Haften Beamter oder Staat ein jeder für sich allein oder haften sie als Gesammtschuldner bezw. der Staat als Bürge? Ist die Haftpflicht des Staates nur eine subsidiäre, im Falle des Unvermögens des Beamten? Darf der Staat, wenn er den Schaden ersetzt hat, gegen den schuldigen Beamten Regreß nehmen? Wie verhält es sich mit dem Ersatz des Schadens, welchen der Beamte nicht einer Privatperson, sondern dem Staate (Korporation) selbst, in dessen Diensten er steht, zugefügt hat?

Alle diese Fragen sollen in der nachstehenden Abhandlung zur Erörterung gelangen und zwar unter Berücksichtigung des Rechts der einzelnen Bundesstaaten.

Um indeß das Gebiet, auf den wir uns zu bewegen haben, klar zu umschreiben, wird hervorgehoben, daß es sich nur um die Haftpflichtfälle handelt, in denen ein rechtswidriges Verhalten des Beamten den Schaden herbeigeführt hat, sei es bei Vornahme von Privatrechtsgeschäften, sei es bei Ausübung der dem Beamten übertragenen öffentlichen Gewalt.

Die Frage der Haftung für Beschädigungen von Privatpersonen durch rechtmäßige Amtshandlungen der Organe des Staates u. s. w. scheidet aus. Wenn hier überhaupt eine Haftung vorliegt, wie z. B. in den durch § 75 Einl. zum preuß. Allg. Landrecht gedeckten Fällen, so ist nur der Staat der Ersatzpflichtige, nicht etwa sein ausführendes Organ, der Beamte.

In Preußen ist überdies der Staat keineswegs für jeden durch einen Beamten bewirkten schädigenden Eingriff in das Recht des Einzelnen zur Entschädigung verpflichtet. Das vormalige preuß. Obertribunal (Striethorst, Arch. Bd. 86 S. 97) hat die gegen

---

[1]) Wegen des Begriffs vergl. § 11.

den preuß. Fiskus von einem preußischen Rheder aus dem Grunde erhobene Schadensersatzklage, weil der preuß. Gesandte in China das Auslaufen eines für den Transport von Kulis gecharterten Schiffes verhindert hatte, abgewiesen.

Bezüglich der Haftpflicht des Staates oder Kommunalverbandes u. s. w. für rechtswidrige Amtshandlungen seiner Beamten ist in den verschiedenen deutschen Bundesstaaten ein einheitlicher Rechtszustand noch nicht erzielt.[1]) Auf der einen Seite stehen die Interessen der Privatpersonen, welche die widerrechtliche Schädigung ihres Vermögens ohne Darbietung eines Aequivalents regelmäßig als ein bitteres Unrecht empfinden werden, auf der anderen Seite diejenigen des Staates und seiner Beamten, deren pekuniäre Mittel eventuell als Ersatzobjekt zu dienen haben.

Die Verletzung der dem Beamten obliegenden Pflichten kann Rechtsfolgen dreifacher Art herbeiführen, nämlich disciplinarische, strafrechtliche und civilrechtliche. Die drei Arten von Rechtsfolgen schließen sich nicht gegenseitig aus, sie stehen nicht in alternativer Konkurrenz, sondern sie können gleichzeitig nebeneinander eintreten, sofern in dem pflichtwidrigen Verhalten der Beamten die Voraussetzungen für alle drei Arten von Rechtsverletzungen enthalten sind.

Die strafrechtliche und disciplinarrechtliche Verantwortlichkeit der Beamten wird nur insoweit berührt werden, als dies zum Verständniß der civilrechtlichen Beamtenverantwortlichkeit, welche den Gegenstand des vorliegenden Buches bildet, erforderlich erscheint.

---

[1]) Vergl. unten § 36 Anhang.

§ 2.

Die Haftpflichtfrage im Allgemeinen.

Zwecks Beantwortung der Haftpflichtfrage bezüglich des entstandenen Schadens muß unterschieden werden,

ob der Beamte a) in Ausübung der ihm anvertrauten privatrechtlichen Verrichtungen oder

b) in Ausübung der ihm anvertrauten öffentlichen Gewalt gehandelt hat; bezw. ob der Staat (öffentlich-rechtl. Korporation u. s. w.)

a) als Fiskus, als privatrechtliche Person, als Vermögenssubject, oder

b) als Inhaber der Hoheitsrechte und der Regierungsgewalt erscheint.

In den Fällen zu a) sind maßgebend die §§ 31 und 89 B.G.B.,[1]) für die Haftung des Staates (Korporation u. s. w.) und die §§ 839—841 B.G.B.[2]) für die Haftung des Beamten.

In den Fällen zu b) entscheidet über die Haftung des Staates u. s. w. gemäß Art. 77 E.G. z. B.G.B. das Landesrecht[3]) der einzelnen Bundesstaaten, über die Haftung des Beamten dagegen wiederum die §§ 839—841 B.G.B.[2]) und speziell des Vormundschaftsrichters die §§ 1674 und 1848 B.G.B.[4]) Wegen der Haftpflicht der Grundbuchbeamten vgl. unten § 22.

§ 3.

Der Staat als Vermögenssubject und als Inhaber von Hoheitsrechten.

In Ausübung der öffentlichen Gewalt handelt der Beamte dann, wenn es sich um Ausübung von Rechten und um Erfüllung von Pflichten handelt, welche ihre Quelle nicht im Privatrecht haben, bei dem der Staat nicht als Fiskus, nicht als Subject von Privatrechten, sondern als Inhaber von Hoheitsrechten

[1]) Vergl. § 35 unten.

[2]) Vergl. § 10.

[3]) Dasselbe ist in den Ausführungsgesetzen z. B.G.B. vielfach neu geregelt. Vergl. § 36 unten.

[4]) Vergl. § 23 unten.

oder der oder einer Regierungsgewalt, in Betracht kommt.[1]) Hier greift der Staat auf Grund seiner obrigkeitlichen Machtbefugnisse in der Form von Urtheilen oder verbindlichen Beschlüssen und Verfügungen in die Rechtssphäre seiner Unterthanen ein. Bei Wahrnehmung der sonstigen staatsdienstlichen Functionen besteht kein Herrschaftsverhältniß, kraft dessen einseitig Rechtsverhältnisse geschaffen werden, vielmehr stehen sich der Staat und das Publikum als koordinirte Subjecte gegenüber. Dies gilt in den Fällen, wo der Staat als Fiskus in privatrechtliche Beziehungen tritt, wie ein Privater gewerbliche Unternehmungen betreibt (Eisenbahnen, Post- und Telegraphenanstalten, Bergwerke, Salinen, Taback- und Porzellanfabriken u. s. w.) oder wo die einzelnen Behörden des Staates zur Erfüllung der ihnen zugewiesenen Staatsaufgaben genöthigt sind, nebenher privatrechtliche Geschäfte abzuschließen (Arbeits-, Lieferungsverträge u. s. w.).[2]) An dem privatrechtl. Charakter der vom Staate abgeschlossenen Rechtsgeschäfte ändert es nichts, wenn in gewissen Verhältnissen z. B. beim postalischen oder Eisenbahn-Verkehr die freie Entschließung der Kontrahenten in Bezug auf die Fixirung des Vertragsinhalts gesetzlich eine Beschränkung erfährt. Wenn auch bei Staatsanleihen, staatlichen Garantieübernahmen oder dergl. öffentlich-rechtliche Gesichtspunkte mit unterlaufen, so wird man doch die betreffenden Geschäfte, soweit es sich um ihren Abschluß und ihre Erfüllung handelt, nach den Grundsätzen des Privatrechts zu beurtheilen haben.

Ein Beamter kann sowohl privatrechtliche wie öffentlich-rechtliche Functionen zu erfüllen haben. Der Landgerichtspräsident ist Richter und schließt auch namens des Justizfiskus Verträge z. B. über Lieferung von Materialien ab.

Es ist nicht immer sicher, ob eine einzelne Function der Beamten aus dem öffentlichen Recht entspringt oder aus dem Privatrecht.

Letzteres ist für das Gebiet des Preuß. Rechts angenommen, wo es sich um gesetzliche Pflichten handelt, die jeder Eigenthümer hat, also auch der Fiskus als Eigenthümer von Grundstücken oder als Bauherr, Bauunternehmer u. s. w.

So ist die Haftbarkeit des Fiskus ausgesprochen: für das Scheitern eines Kahnes bei einer Eisenbahnbrücke durch Auffrennen

---

[1]) Dem Staate stehen gleich die Gemeinden, Kreise u. s. w. überhaupt die öffentlich-rechtlichen Korporationen, soweit denselben die Ausübung von öffentlich-rechtlichen Functionen anvertraut ist. In diesem Falle erscheinen sie als Organe des Staates, die staatliche Rechte ausüben.

[2]) Kletwitz, S. 66.

auf eine nicht signalisirte Verpfählung,[1]) für Ueberschwemmung einer Wiese durch den unbefugten Wasserstau bei einer fiskalischen Mühle, Beschädigung durch Einsturz einer mangelhaft konstruirten Mauer auf fiskalischem Boden,[2]) Beschädigung eines Menschen durch Sturz in eine vorschriftswidrig offen gelassene Grabenleitung auf einem Bahnhof des Eisenbahnfiskus,[3]) für Beschädigung durch Sprengungen beim Straßenbau,[4]) für Beschädigung durch mangelhaften Zustand der Bedachung einer Badehalle.[5])

Die Haftbarkeit eines Provinzialverbandes ist anerkannt bei einer unzulässigen Deichanlage,[6]) diejenige der Stadtgemeinde als Eigenthümerin einer Brücke bezüglich des beim Passiren der Brücke durch deren vorschriftswidrigen Zustand angerichteten Schadens.[7])

Bezüglich der Frage, ob es sich um eine öffentlich=rechtliche oder um eine privatrechtliche Function handelt, sind in der Rechtsprchung folgende Fälle vorgekommen:

1. die Ausstellung der sog. Unschädlichkeitsatteste ist nicht die Ausübung einer Function der Direktion in Vertretung und im Interesse der Landschaft (altpreußischer landschaftl. Kreditverband), sondern die Ausübung einer vom Staate ihr im öffentlichen Interesse delegirten behördlichen Function.[8])

2. die von einem landschaftlichen Kreditverband im Wege der Zwangsvollstreckung verhängte Sequestration eines bepfandbrieften Gutes stellt sich als die Ausübung einer öffentlich=rechtlichen, der Landschaft als Behörde zustehenden Befugniß dar.[9])

3. Ein Beamter hatte für den Fiskus Lieferungsscheine empfangen und unterschlagen. Der Fiskus ist verurtheilt, weil durch die Ablieferung im Interesse des Fiskus eine Privatverbindlichkeit begründet sei.[10]) Diese Entscheidung ist indeß nicht zu billigen und steht, da es sich um einen Act der Regierungsgewalt handelt, mit der sonstigen Judikatur des Obertribunals in Widerspruch.

4. Ein Zollkreuzer, welcher dazu bestimmt ist, durch seine Fahrten den richtigen Eingang der Zölle zu kontrolliren und herbeizuführen, dient nicht zum gewerbsmäßigen Betriebe der Schifffahrt, sondern zur Ausübung des Hoheitsrechtes auf Erhebung der Zölle.

---

[1]) Obertr., Strieth. Arch. 27, 128.
[2]) Obertr., Entsch. 61, 1.
[3]) Entsch. der R.O.H.G. 8, 201.
[4]) R.G. E. 17, 105.
[5]) R.G. E. 31, 246.
[6]) R.G. E. 26, 300.
[7]) Obertr. Entsch. 14, 92.
[8]) R.G. VI 5, 11. 1891. E. 28, 335.
[9]) O.L.G. Stettin in R.G. E. 29, 234.
[10]) Simon und Stampf, Rechtssprüche 2, 221.

Die Verletzung gewisser schifffahrtspolizeilicher Vorschriften seitens des Schiffsführers begründet nicht eine Verantwortlichkeit des Eigenthümers des Schiffes, des Fiskus, denn diese Vorschriften richten sich nicht gegen den Schiffseigenthümer als solchen, sondern gegen den Schiffsführer, der Fall der Nichterfüllung einer dem Fiskus als Eigenthümer obliegenden gesetzlichen Verpflichtung liegt also nicht vor.[1])

Vgl. auch § 7 unter a (Depositenwesen).

§ 4.

Anwendbarkeit des alten und des neuen Rechts.

Durch das am 1. Januar 1900 in Kraft getretene B.G.B. sowie die Ausführungsgesetze und Nebengesetze zu demselben sind die über unsere Materie ergangenen Gesetze vielfach abgeändert.

Für die Frage, ob das alte oder neue Recht zur Anwendung zu bringen, ist maßgebend der Zeitpunct der Vollendung des Versehens des betreffenden Beamten. Wann derselbe eingetreten ist, muß daher in jedem einzelnen Falle festgestellt werden. Liegt er vor dem 1. Januar 1900, so ist das alte Recht maßgebend. Auf den Zeitpunct, in welchem der Schaden eingetreten ist, kommt es nicht an.[2]) Vgl. Art. 170 E.G. z. B.G.B.

Abtheilung I.

Schadensersatzpflicht bei Ausübung der öffentlichen Gewalt.

§ 5.

Geschichtlicher Ueberblick.

Das römische Recht enthält keine allgemeinen Vorschriften über die privatrechtliche Verantwortlichkeit der Beamten. Ueberschritten letztere ihre Amtsbefugnisse und begingen sie dabei ein Delict z. B. Sachbeschädigung, so hafteten sie wie Private.[3]) Nur gegen den Richter, welcher ein ungerechtes Urtheil gefällt hat, wird der dadurch verletzten Partei ein Anspruch auf Schadensersatz gewährt.[4])

---

[1]) R.G. III 19. Dez. 1893, E. 32, 144.
[2]) Turnau, Grundbuchordnung II, 545.
[3]) l 13 D. de per. et commodo 18, 6.
[4]) l 15 D. de judiciis 5, 1; l 6 D. de extraord. cogn. 50, 13.

Außerdem gab man seit der Kaiserzeit dem Pupillen (Mündel) eine actio tutelae subsidiaria gegen die niederen Magistrate, welche ihre Pflichten bei Bestellung eines Vormundes zum Schaden des Unmündigen versäumt hatten. Auf die Haftung des Richters wegen Fällung eines ungerechten Urtheils (sog. Syndikatsklage) beziehen sich auch verschiedene ältere deutsche Reichsgesetze (Reichskammergerichtsverordnung v. 1555 Th. I Tit. 53 §§ 5, 6, 10;[1]) jüngster Reichstagsabschied v. 1654 Art. 157.

Gewohnheitsrechtlich ist dann diese sog. Syndikatsklage im gemeinen Recht weiter ausgebildet und namentlich auch auf andere Amtshandlungen des Richters sowie auf die Thätigkeit der nicht richterlichen Beamten erstreckt.

Von den neueren Gesetzgebungen haben das österreichische Gesetzbuch (vgl. § 1341), der code civil und das schweizerische Bundesgesetz neben den allgemeinen Bestimmungen über die Haftung aus unerlaubten Handlungen keine besonderen Vorschriften über die Haftung der Beamten wegen Verletzung der Amtspflicht aufgenommen. Nur die Haftung der Richter hat das französische Recht im code de proced. Art 505 ff. geregelt[2]) (vgl. außerdem wegen Haftung der Civilstandesbeamten code civil Art. 51, 52). Auch in Oesterreich, d. h. im Staate der Reichsrathsländer, sind in Ansehung der Haftung der richterlichen Beamten wegen der von letzteren in Ausübung ihrer amtlichen Wirksamkeit verursachten, auf Verschulden beruhenden Rechtsverletzungen durch Gesetz vom 12. Juli 1872 (R.G. Bl. Nro. 112) besondere Vorschriften ergangen.

Eine andere Gruppe von Gesetzgebungen hat dagegen die privatrechtliche Verantwortlichkeit der Beamten wegen Verletzung der Amtspflicht Dritten gegenüber ganz allgemein geregelt. Dahin gehört insbesondere das preuß. Allg. Landrecht, welches in dem Titel: „Ueber die Rechte und Pflichten der Diener des Staates" (II, 10 §§ 88—91; 127—145) die einschlägigen näheren Bestimmungen enthält, welche nach der Verordnung vom 23. September 1867 auch für die neu erworbenen Landestheile gelten.[3]) Das sächsische Gesetzbuch von 1863 enthält Vorschriften in den §§ 1506 und 1507.[4])

Anlangend die Haftung der Reichsbeamten wegen Verletzung der Amtspflicht, so bestimmt das Reichsbeamtengesetz vom

---

[1]) . . . „wo eine Parthey vermeint, daß aus Betrug oder Arglist von Geschenk, Mieth, Gab, Bitt, Freundschaft, Feindschaft oder andere dergleichen Ursachen wegen eine nichtige und ungerechte Urtheil gefällt, und gegeben wäre, dieselbe Parthey soll in diesem Fall Maß halten, die Urtheiler so angezeigter Gestalt gehandelt, ad syndicatum zu stellen". (§ 10.)

[2]) Vergl. unten § 9 unter d.

[3]) R.G. in Gruchot's Beiträgen 28, 868 und Seuff. Arch. 41, 18. Vergl. unten § 9 unter b.

[4]) Vergl. unten § 9 unter c.

31. März 1873 (R.G. Bl. S. 61) § 13, daß jeder Reichsbeamte für die Gesetzmäßigkeit seiner amtlichen Handlungen verantwortlich ist. Im übrigen und insbesondere auch in Betreff des näheren Inhalts jener Verantwortlichkeit und der einzelnen damit zusammenhängenden, im Reichsbeamtengesetze nicht entschiedenen Fragen sind die Grundsätze des für die Rechtsstellung des betreffenden Reichsbeamten anzuwendenden Partikularrechts maßgebend.[1]) Es finden nämlich für Reichsbeamte Anwendung diejenigen gesetzlichen Vorschriften, welche an ihren Wohnorten für die activen bezw. für die aus dem Dienst geschiedenen Staatsbeamten gelten. Für diejenigen Reichsbeamten, deren Wohnsitz außerhalb der Bundesstaaten sich befindet, kommen die gesetzlichen Bestimmungen ihres Heimathstaates (§ 21) und, in Ermangelung eines solchen, die Vorschriften des preußischen Rechts zur Anwendung.

Theil I.

Haftpflicht des Staates (Communalverbandes usw.)

§ 6.

Allgemeines.

Die Frage der Haftung des Staates für rechtswidrige Handlungen und Unterlassungen seiner Beamten ist seit langer Zeit Gegenstand wissenschaftlicher Erörterung. Die früher sogar noch von Bluntschli, Staatsrecht S. 46 getheilte Ansicht, daß der Staat (oder die Gemeinde) dann für den von dem Beamten verursachten Schaden hafte, wenn er sich bei Anstellung desselben oder bei der Aufsicht über seine Dienstführung eines dolus oder eines culpa schuldig gemacht habe, ist jetzt aufgegeben.[2])

Gegen die allgemeine Haftung des Staates ist zunächst geltend gemacht, daß durch die Annahme derselben der Gesammtheit der Steuerpflichtigen eine neue Last aufgebürdet werde, was nicht angehe. Hiergegen ist zu sagen, daß der Fall der Inanspruchnahme des

---

[1]) Jetzt gelten die §§ 839 ff. B.G.B. selbstverständlich auch für Reichsbeamte.

[2]) Eine Haftung für culpa in instituendo läßt sich niemals auf den Staat, sondern immer nur auf einen höheren Beamten zurückführen. Vergl. § 90 II, 10 A.L.R.

Staates so selten eintritt, daß damit eine Gefahr für die Staatswirthschaft nicht zu befürchten ist, umsoweniger als dem Staat sein Regreß gegen den Beamten gewahrt wird. Sodann aber dürfte es nur der Billigkeit entsprechen, wenn ein Schaden, welcher einem Staatsbürger eben als Unterthanen des Staates von letzterem bezw. dessen Organen zugefügt ist, auf die Gesammtheit der steuerzahlenden Bürger umgelegt wird.

Auch der Einwand Rönne's,[1]) daß der Staat als solcher garnicht Subject von Privatrechten oder Verbindlichkeiten sein könne, der Fiskus aber in Beziehung auf die Organe der Staatsgewalt ein dritter sei, den die Haftung für deren Handlungen oder Unterlassungen nichts angehe, ist hinfällig, weil Staat und Fiskus nicht als zwei verschiedene, von einander getrennte Persönlichkeiten aufzufassen sind und der Satz, daß der Staat als solcher niemals gegen Privatpersonen Verbindlichkeiten übernehmen könne, nicht bewiesen ist.[2])

Für die directe Haftungsverbindlichkeit des Staates hat sich auch der deutsche Juristentag 1867 (Verhandl. III, 78 ff.) und 1871 (Verhandl. III, 63) ausgesprochen und zwar mit Recht.

Der Staat wird durch seine Beamten repräsentirt. Wenn der Beamte als Vertreter der Hoheitsrechte des Staates handelt, so ist es doch immer der Staat, welcher handelt, die Person der Beamten tritt in den Hintergrund. Der Einwand, daß eine gesetzwidrige Ausübung der Amtsgewalt dem Staat nicht zur Last fallen könne, weil sie gegen seinen Willen und Auftrag geschehe, geht unrichtigerweise von der Annahme eines privatrechtlichen Mandats aus, und verkennt, daß das Verhältniß der Beamten zum Staat ein staatsrechtliches ist.

Die Machtbefugniß, mit welcher der Staat den Beamten ausstattet, der Gehorsam, der von den Unterthanen verlangt und eventuell erzwungen wird, erfordert, daß dem Verletzten ein Anspruch auf volle Entschädigung aus der Staatskasse zustehen muß, wenn in Ausübung der Majestätsrechte durch einen Beamten eine Verletzung rechtswidriger Weise zugefügt wird. Auf den Einwand, daß eine Ersatzpflicht des Staates nur gerechtfertigt wäre, wenn dem Unterthanen unbedingter Gehorsam zugemuthet werde, ist zu erwidern, daß wenn auch rechtlich das letztere nicht der Fall, es doch factisch wenig Fälle geben wird, wo ein Widerstand gegen die rechtswidrige Anordnung möglich ist. Zu diesen Erwägungen, welche zunächst nur einen Anspruch wegen rechtswidriger Handlungen begründen, tritt hinzu, daß kraft der Verpflichtung des Staats, allen Angehörigen Schutz zu verleihen, die Staatsangehörigen auch Ersatz des Schadens fordern

---

[1]) Staatsrecht der preuß. Monarchie (1883) Bd. 3 S. 588.
[2]) Haffner, S. 102.

können, welche sie durch rechtswidrige Versäumung dieser Pflicht, also durch Unterlassungen, erlitten haben.

Die Haftpflicht des Staates muß eine primäre sein, nicht eine subsidäre. Der Geschädigte muß sich auf die sicherste und einfachste Weise Rechtsschutz verschaffen können. Es verstoßt gegen die Billigkeit, den Beschädigten zunächst an den Beamten zu verweisen, bei den er selbst nach einem obsiegenden Urtheil vielleicht nicht zu einem Ersatz kommt, weil derselbe nicht zahlungsfähig ist, und dann erst hinterher an den ihm gegenüber eigentlich Schuldigen zu weisen, gegen den er dann nochmals den Prozeßweg betreten soll.

§ 7.

Das bisherige Recht der deutschen Bundesstaaten.[1])

Eine Haftpflicht des Staates wird der Regel nach verneint. Die Gerichtspraxis in Sachsen (vgl. unten § 36) bejaht sie, während diejenige in Baiern schwankt (vgl. Löning, S. 115).

Das Landesgrundgesetz für Sachsen-Koburg-Gotha vom 3. Mai 1852 § 68 bestimmt:

„Für die Schäden, welche einem Staatsangehörigen durch die Arglist oder grobe Verschuldung der Staatsbeamten als solcher verursacht worden, hat der Staat — insofern nicht besondere Gesetze in gewissen Fällen eine unmittelbare Vertretungsverbindlichkeit desselben festsetzen — dann zu haften, wenn der Betheiligte den Schadensersatz vom schuldigen Beamten nicht zu erlangen vermag."

Das Edict für Sachsen-Altenburg vom 18. April 1831 schreibt vor, daß eine Klage auf Schadensersatz gegen den Fiskus statthaft sei, wenn der Beamte die Rechtsverletzung innerhalb seiner Amtsbefugnisse bewirkt und die Oberbehörde nicht alsbald auf Anrufen der Betheiligten anerkannt habe, daß eine Ueberschreitung der Dienstbefugnisse stattgefunden habe.[2])

Die Verfassung für Hamburg v. 28. Sep. 1860 Art. 89 bestimmt, daß die Verwaltungsbehörden[3]) von Jedem, der sich durch ihre amtlichen Handlungen in seinem Privatrechte verletzt glaube, auf Entschädigung oder Abhilfe gerichtlich belangt werden könne. Das Gesetz vom 11. Aug. 1859 ordnet ferner an:

§ 4. Die Verwaltungsbehörden können, ohne daß es einer Erlaubniß dazu bedarf, von Jedem, der sich durch ihre nicht richterlichen Verfügungen in seinem Privatrecht verletzt glaubt, auf Abhilfe oder Entschädigung gerichtlich belangt werden. Eine rechtskräftig zuer-

---

[1]) Dasselbe gilt, soweit es durch die neuen Ausführungsgesetze der Bundesstaaten nicht aufgehoben ist, auch jetzt noch. Vergl. § 36 unten.

[2]) Die ähnliche Bestimmungen enthaltenden Verfassungen für Schwarzburg-Sondershausen und Mecklenburg-Schwerin gelten nicht mehr.

[3]) Also nicht die richterl. Beamten.

kannte Entschädigung ist dem Verletzten aus den disponiblen Fonds der Verwaltung oder, wenn solche nicht zureichen, aus der allgemeinen Staatskasse zu leisten, unbeschadet des der Verwaltung oder dem Staat nach Gesetz, und allgemeinen Rechtsgrundsätzen zustehenden Regresses wider diejenigen, welche schuldvoller Weise die Verletzung herbeigeführt haben.

§ 5. „Gegen einzelne Mitglieder oder Beamte einer *Verwaltungsbehörde* kann eine gerichtliche Klage wegen von ihnen in amtlicher Eigenschaft begangener Verletzung von Privatrechten nur nach vorausgegangener Beschwerde bei der betreffenden Behörde selbst erhoben werden. Erklärt in solchem Falle die Behörde nach angestellter Untersuchung, das Verfahren ihres Mitgliedes vertreten zu wollen — als wozu sie, soweit er ihren Instructionen gemäß erfahren hat, verpflichtet ist, — so muß die Klage sodann gegen sie gerichtet werden. Anderenfalls ist die Klage gegen den Einzelnen zu richten, wobei die Frage, ob nicht die dem Kläger zuerkannte Entschädigung dennoch aus dem Staatsvermögen, vorbehaltlich des Regresses gegen den Schuldigen zu leisten sei, nach vorangegangenem rechtlichem Gehör der betreffenden Behörde in Gemäßheit allgemeiner Rechtsgrundsätze und der Umstände des einzelnen Falls zu entscheiden ist."

Bei Handlungen und Unterlassungen der *Gerichte* haftet also nach Hamburgischen Recht der Staat überhaupt nicht.

Im übrigen haben einzelne deutsche Staaten eine Entschädigungspflicht des Staates — theils primäre theils subsidiäre — nur für *einzelne Zweige* der staatlichen Thätigkeit festgesetzt, nämlich bei Schadenszufügungen durch die Beamten der *Grundbuch-* (*Hypothekenbehörde*,[1]) der *Depositenbehörden*, bei widerrechtlich verfügter oder verlängerter *Gefangenschaft* und bei *Beschädigungen in Folge von öffentlichen Zusammenrottungen*.

a) *Depositenwesen*:[2]) Eine *directe* Verpflichtung des Staates besteht in *Preußen*[3]) (Ges. v. 19. Juli 1875 § 3 u. Hinterlegungsord. v. 14. März 1873 § 8), *Baden* (Gesetz vom 3. Aug. 1837 Art. 17, 18), *Hessen* (Gesetz v. 20. Oct. 1821 § 19); *Braunschweig* (Gesetz v. 27. Dez. 1862 u. 20. Aug. 1867 § 28); *Sachsen-Weimar* (Gesetz v. 12. Febr. 1840 §§ 85 u. 86), *Oldenburg* (Bekanntmachung v. 26. Febr. 1840); *Elsaß-Lothringen* (Gesetz v. 4. Nov. 1872 u. 24. April 1853), endlich im *Königreich Sachsen* (nach der Praxis der Gerichte.[4])

Subsidiär haftet der Staat nur in *Baiern* (vgl. Depositenordnung v. 24. Oct. 1796 u. 9. Juli 1802 bei Roth, Civilrecht I, 225), *Mecklenburg* (Depositenordnung v. 20. Sept.

---

[1]) Näheres siehe im § 22.

[2]) Siehe die Zusammenstellung bei Löning, S. 133 Anm. 3.

[3]) Nach der Depositenordnung vom 15. September 1783 § 54 haftet der Staat nur subsidiär. (R.G. bei Bolze 1, Nr. 668.)

[4]) Seuffert, Arch. 5, 135; 17, 123 und § 36 unten.

1834) und in Sachsen-Meiningen (Gesetz v. 29. März 1833 Art. 7).

Im Anschluß hieran mag bemerkt werden, daß der Staat für diejenigen Gegenstände, welche nicht durch einen Vertrag ihm anvertraut sind, sondern welche er unter Anwendung seiner Zwangsgewalt in Verwahrung genommen hat, nicht haftet, falls dieselben durch Verschulden seiner Beamten beschädigt oder in Verlust gerathen sind. Zwar haben einzelne höchste Gerichte[1]) mehrfach in analoger Anwendung der gesetzlichen Haftung des Staates für Depositen den Staat auch ersatzpflichtig erklärt, von Seiten der Regierung wird aber die Ersatzpflicht meistens geleugnet.[2]) Im Reichstag ist bei Berathung der St.P.O. ein Antrag, daß der Fiskus für die Rückgabe des in Verwahrung oder in Beschlag genommenen Gegenstandes nach den für die gerichtlichen Hinterlegungen geltenden Rechtsnormen haften solle, abgelehnt worden.[3])

b) Preßsachen: Dem im Jahre 1889 im Reichstage gestellten Antrage Barth auf Erlaß eines Gesetzes, welches für den Fall der gesetzlich nicht begründeten Beschlagnahme von Druckschriften sowie des gesetzlich nicht begründeten Verbots des ferneren Erscheinens periodischer Druckschriften die Schadensersatzpflicht des Staates vorbehältlich des Rückgriffs auf die ersatzpflichtigen Beamten feststellt, ist nicht stattgegeben.[4])

---

[1]) Seuffert, Archiv III, 257, V, 135 und XXVI, 34. Auch das preuß. Obertribunal (Centralbl. für 1837 S. 303) hat den Staat verurtheilt, als Waaren, welche ein Zollbeamter rechtswidrig in Beschlag genommen hatte, durch Schuld des Beamten demnächst verdorben waren und an ihrem Werth verloren hatten. Dies Erkenntniß ist aber nicht zutreffend, vergl. oben S. 5. Das Reichsgericht hat folgendermaßen entschieden:

Ein Staatsanwalt hatte bei einer Haussuchung im Hause des Klägers ein Werthpapier beschlagnahmt, weil die Ehefrau eines Diebstahls verdächtig war. Nach Freisprechung derselben ist der Fiskus zur Rückzahlung des Erlöses an den Kläger, aus dessen Gewahrsam das Papier genommen, verurtheilt, weil er diesem durch das in Verwahrungnahme begründete quasikontractliche Verhältniß persönlich verpflichtet werde, ohne daß sich der Fiskus darauf berufen könne, daß der Staatsanwalt das Papier dem städtischen Magistrat ausgeantwortet hatte, welcher sich wegen gezahlter Armenunterstützungen daraus bezahlt gemacht hatte, denn in dieser Beziehung stehe dem Magistrat kein Zwangsvollstreckungsrecht zu. (R.G. Bolze 3, Nr. 311.)

[2]) Stenogr. Bericht des Reichstags 1876 S. 466 ff.

[3]) Stenogr. Bericht 1876 S. 462 ff.

[4]) Das eine ähnliche Bestimmung enthaltende badische Preßgesetz vom Jahre 1868 ist durch das Reichspreßgesetz vom 7. Mai 1874 beseitigt. In Oesterreich haftet die Staatskasse für Schadenszufügungen zufolge ungerechtfertigter Beschlagnahme, welche die Sicherheitsbehörde oder

c) Gefangenhaltung: In Ausführung des § 8 der sog. Grundrechte des deutschen Volkes vom 27. Dezember 1848, welcher lautet:

„Im Falle einer widerrechtlich verfügten oder verlängerten Gefangenhaltung ist der Schuldige und nöthigenfalls der Staat dem Verletzten zur Genugthuung und Entschädigung verpflichtet."

haben folgende Staaten gesetzl. Bestimmungen[1]) erlassen:

Baden (Strafprozeßord. v. 1864 § 184); Württemberg (Strafprozeßord. v. 1868 Art. 95); Thüringische Staaten (Sachsen-Weimar, Meiningen, beide Schwarzburg, Anhalt und beide Reuß: Strafproz. v. 1850 Art. 143), Braunschweig (Ges. v. 4. Juli 1851 Art. 3 § 8), Oldenburg (Ges. v. 22. Nov. 1852 Art. 39 § 6), Sachsen-Altenburg (Strafprozeßord. v. 1854 Art. 122).

d) Oeffentl. Zusammenrottungen: Hier haftet allerdings nicht der Staat, sondern die Gemeinde, in deren Bezirk der Schaden durch Tumult, Zusammenrottungen entstanden ist. —

Preußen: Gesetz v. 11. März 1850.
Baden: Gesetz v. 13. Februar 1851.
Hessen: Gesetz v. 3. März 1859.
Sachsen-Altenburg: Gesetz v. 25. März 1837.

Nach den beiden letzten Gesetzen haften die Gemeinden insbesondere, wenn die Gemeindebehörden nicht alles gethan haben, um das Verbrechen zu verhindern; mithin für rechtswidrige Unterlassungen ihrer Organe und Beamten.

§ 8.

Das jetzige Recht der deutschen Bundesstaaten.

A. Haftpflicht auf Grund von Reichsgesetzen.

a) Im B.G.B. ist die Frage der Haftung des Staates für die Versehen der Beamten absichtlich nicht geregelt worden.[2]) Einmal wurde diese Frage als dem öffentlichen Recht angehörend hingestellt. Dann wurde erwogen, daß eine Regelung höchstens hinsichtlich der Haftung des Reichs für die Versehen der Reichs-

die Staatsanwaltschaft veranlaßt hat. (§ 10 des Gesetzes vom 17. December 1862.)

[1]) Diese Bestimmungen sind durch die deutsche St.P.O. nicht außer Kraft gesetzt. In der Reichstagskommission für die St.P.O. wurde ein die subsidäre Haftpflicht des Staates festsetzender Antrag abgelehnt. (Prot. S. 181—186.) Siehe auch die Zusammenstellung bei Löning, S. 123 Anm. 2.

[2]) Vergl. Komm.-Bericht des Reichstags S. 64 ff., sowie Stenogr. Berichte, S. 2855 ff.

beamten erfolgen könne und eine Regelung der Haftung der Einzelstaaten für die Versehen ihrer Beamten in die öffentlich-rechtlichen Befugnisse der Einzelstaaten in unzulässiger Weise eingreifen, endlich sich die finanzielle Tragweite nicht übersehen lasse.

In der Reichsgrundbuchordnung hat das Reich jedoch die Haftpflicht der Grundbuchbeamten selbst geregelt. Der Wortlaut des § 12 der Grundbuchordnung ist in § 22 angegeben.

b) Aeltere Reichsgesetze:

„Alle durch die Benutzung von Grundstücken zu Truppenübungen, sowie die in den Fällen des § 12 (Benutzung von Brunnen und Tränken) entstehenden Schäden werden aus Militärfonds vergütet.“ (§ 14 des Reichsgesetzes vom 13. Februar 1875.)[1])

Natürlich bleibt das Regreßrecht gegen die schuldige Militärperson vorbehalten z. B. wenn nicht bloß die für die Uebungen bestimmten Felder betreten werden oder bei Schießübungen die Kugeln auf ein benachbartes Grundstück geschossen werden und dort Schaden anrichten.

Der Resolution des 13. u. 15. deutschen Juristentages betreffend Gewährung einer fiskalischen Entschädigung bei unschuldig erlittener Strafe oder Untersuchungshaft[2]) trägt das Reichsgesetz betr. die Entschädigung der im Wiederaufnahmeverfahren freigesprochenen Personen vom 20. Mai 1898 (R.G. Bl. S. 345) in gewissen Umfange, nämlich bezüglich der Strafhaft, Rechnung.

Es bestimmt im § 1:

„Personen, welche im Wiederaufnahmeverfahren freigesprochen oder in Anwendung eines milderen Strafgesetzes mit einer geringeren Strafe belegt werden, können Entschädigung aus der Staatskasse verlangen, wenn die früher erkannte Strafe ganz oder theilweise gegen sie vollstreckt worden ist.[3]) Das Wiederaufnahmeverfahren muß die Unschuld des Verurtheilten bezüglich der ihm zur Last gelegten That oder bezüglich eines die Anwendung eines schwereren Strafgesetzes begründenden Umstandes ergeben oder doch dargethan haben, daß ein begründeter Verdacht gegen den Angeklagten nicht mehr vorliegt.

Außer dem Verurtheilten haben diejenigen, denen gegenüber er Kraft Gesetzes unterhaltspflichtig war, Anspruch auf Entschädigung.

Der Anspruch auf Entschädigung ist ausgeschlossen, wenn der Verurtheilte die frühere Verurtheilung vorsätzlich herbeigeführt oder durch grobe Fahrlässigkeit verschuldet hat.

Die Versäumung der Einlegung eines Rechtsmittels ist nicht als eine Fahrlässigkeit zu erachten.“

Nach. § 3 a. a. O. wird die Entschädigung aus der Kasse derjenigen Bundesstaates gezahlt, bei dessen Gerichte das Strafverfahren

---

[1]) In der Fassung vom 24. Mai 1898 (R.G.Bl. S. 360).
[2]) Vergl. oben § 7 unter c.
[3]) Auch wenn Niemandem ein Verschulden trifft.

erster Instanz geschwebt hat. Bis zum Betrage der geleisteten Entschädigung tritt die Kasse in die Rechte ein, welche dem Entschädigten gegen Dritten um deswillen zustehen, weil durch deren rechtswidrige Handlungen seine Verurtheilung herbeigeführt war.[1])

Haftpflicht auf Grund der Landesgesetze.

B. Allgemeines.

Art. 77 des Einf.-Gesetz z. B.G.B. bestimmt:

„Unberührt bleiben die landesgesetzlichen Vorschriften über die Haftung des Staates, der Gemeinden und anderer Kommunalverbände (Provinzial-, Kreis- und Amtsverbände) für den von ihren Beamten in Ausübung der diesen anvertrauten öffentlichen Gewalt zugefügten Schaden sowie die landesgesetzlichen Vorschriften, welche das Recht des Beschädigten, von den Beamten den Ersatz eines solchen Schadens zu verlangen, insoweit ausschließen, als der Staat oder der Kommunalverband haftet."

Nach Art. 218 Einf.-Gesetz z. B.G.B. können für diese Fälle auch neue landesgesetzliche Bestimmungen getroffen werden. Demnach ist der einzelne Staat befugt, die gesammte Haftpflicht des Beamten, wie sie im B.G.B. (§§ 839 ff.) geregelt ist, abzuschaffen und dafür selbst die Rolle des Ersatzpflichtigen zu übernehmen. Dabei darf er aber den Umfang seiner eigenen directen Haftung nicht geringer bemessen, als ihn das B.G.B. für die Haftpflicht der Beamten bemessen hat, wenn er die directe Ersatzverbindlichkeit der Beamten ganz ausschließen will. Soweit nach den Landesgesetzen die Haftpflicht des Staates eine geringere ist, als nach dem B.G.B. die unmittelbare Haftpflicht der Beamten, bleibt letztere bestehen. Die Landesgesetzgebung kann also die Rechte des Geschädigten nicht beschränken, sondern höchstens erweitern, insofern als sie ihm an Stelle des häufig nicht ersatzfähigen Beamten einen solventen Verpflichteten, den Staat, giebt.[2])

Unter den Bundesstaaten[3]) lassen sich folgende Gruppen[4]) unterscheiden:

a) Im Gebiete des preußischen Rechts wird ein privatrechtlicher Anspruch auf Schadensersatz gegen den Staat aus ungehöriger Ausübung oder Nichtausübung behördlicher amtlicher Functionen grundsätzlich verneint. Allerh. Kabinetsordre v. 4. Dez. 1831 (G. S. S. 255), die nach der Verordnung v. 16. Sept. 1867 auch in den neuen Landestheilen gilt.[5]) Der Geschädigte muß also,

---

[1]) Z. B. der Spruchrichter, vergl. § 24.

[2]) Nöldeke, S. 808.

[3]) Die einschlägigen gesetzlichen Bestimmungen sind der Uebersichtlichkeit halber im § 36 unten mitgetheilt.

[4]) Bezüglich der Haftung für einzelne Verwaltungszweige, z. B. des Depositenwesens u. s. w. vergl. § 7 unter a—d.

[5]) Obertr. Entsch. 61, 1. Es verlautete vor einiger Zeit, daß

wenn der schuldige Beamte unpfändbar ist, seinen Schaden selbst tragen.[1]) Dieser Grundsatz gilt auch im völkerrechtlichen Verkehr; aus internationaler Kourtoisie wird aber der Staat in Nothfällen wohl einspringen.

Für die preußische Rheinprovinz bestimmt Art. 89 A.G. z. B.G.B., daß der Art. 1384 Code civil, soweit er auf die Haftung des Staates, der Gemeinden und andere Kommunalverbände für den von ihren Beamten in Ausübung der diesen anvertrauten öffentlichen Gewalt zugefügten Schaden Anwendung findet (vgl. § 36), in Geltung bleibt.

Ebensowenig wie der Fiskus bei unmittelbaren Staatsbeamten, haftet nach preußischem Recht bei mittelbaren Staaatsbeamten die Korporation oder Gemeinde, in deren Diensten sie stehen und deren Angelegenheiten sie verwalten, für Versehen, die sich bei Wahrnehmung der ihnen neben der Vertretung der juristischen Person zustehenden obrigkeitl. Befugnisse zu schulden kommen lassen.[2])

Auf dem preußischen Standpunkt stehen auch: Waldeck, beide Lippe u. s. w.

b) Andere Staaten erklären den Staat (die Gemeinde u. s. w.) in erster Linie für den entstandenen Schaden haftbar, nämlich Baden, Baiern, Reuß jüngere Linie, Koburg-Gotha, Württemberg, im beschränkten Umfange Anhalt, beide Mecklenburg und Altenburg, und gestatten den Regreß gegen den Beamten.

c) Eine dritte Gruppe läßt den Staat (Korporation) als Bürgen[3]) haften. Es sind dies Hessen, Elsaß-Lothringen, Reuß ältere Linie, Sachsen-Weimar und Sondershausen.

Die Haftpflicht des Staates ist hier nur subsidiär, sie kann nur beansprucht werden, wenn von dem Beamten Ersatz nicht zu erlangen ist. Allein dies bedeutet für die practische Rechtsverfolgung kein Hinderniß, weil die Fälle, in welcher der Bürge die Einrede der Vorausklage nicht geltend machen kann, Anwendung finden. Doch kann sich der Beschädigte z. B. sofort an den Staat bezw. die Gemeinde halten, wenn anzunehmen ist, daß die Zwangsvollstreckung in das Vermögen des Beamten zu einer Befriedigung seiner Ansprüche nicht führen werde (§ 774[4] B.G.B.). In den meisten Fällen, in welchen die Lage des ersatzpflichtigen Beamten that-

---

ein die Haftpflicht des Staates u. s. w. einführender Gesetzentwurf in Vorbereitung sei.

[1]) Ist der Schaden ein ungewöhnlich hoher, so wäre es angemessen, daß derselbe vom Staate freiwillig ersetzt würde. Dieser Gedanke hat bereits einmal in dem österreichischen Gesetze vom 12. März 1859 (R.G.Bl. Nr. 46) gesetzlichen Ausdruck gefunden.

[2]) R.G. VI. 5. 11. 1891. E. 28, 235.

[3]) §§ 765 ff. B.G.B.

sächlich eine derartige ist, wird es ohne Schwierigkeit möglich sein, die betreffende Annahme glaubhaft zu machen.

Wo Staat und Gemeinde überhaupt, sei es primär oder subsidiär, haftbar sind, da haften sie, von Sondervorschriften abgesehen[1]) nicht in weiterem Maße wie der Beamte, sondern nur unter denselben Voraussetzungen wie dieser, sie können sich also gleichfalls auf § 839 Abs. 3 B.G.B. berufen.[2])

Theil II.

Haftpflicht des Beamten.

Abschnitt I. Haftpflicht des Beamten gegenüber Dritten (Privatpersonen usw.)

Kapitel I. Gesetzliche Bestimmungen.

§ 9.

Altes Recht.

Vgl. zunächst wegen des Spruchrichters § 24 der Grundbuchbeamten § 22, des Vormundschafts-, Testaments-, Arrest- und Zwangsvollstreckungsrichters § 23, der Reichsbeamten § 5 a. E.

a) Gemeines Recht.

Doctrin und Praxis[3]) desselben gewähren gegen den seine Amtspflichten verletzenden Richter einen Anspruch auf Schadensersatz, auch wegen solcher bei Ausübung der streitigen oder freiwilligen Gerichtsbarkeit vorgenommenen Amtshandlungen, welche nicht in der Fällung eines Urtheils bestehen. Doch gehen die Ansichten darüber auseinander, ob der Richter in Ansehung dieser anderen Amtshandlungen nur wegen dolus und culpa lata oder auch wegen culpa levis haftet. Die Praxis schwankt, zeigt aber eine entschiedene Neigung, den Richter, abgesehen von dem Falle eines ungerechten Urtheils, für omnis culpa verantwortlich zu machen.[4])

---

[1]) Vergl. z. B. Bayern und Württemberg in § 36.

[2]) Vergl. im Uebrigen § 22 unter B. a—f.

[3]) Motive zum B.G.B. Bd. II S. 820.

[4]) Vergl. Seuffert's Archiv I, 166; III 327; V 174; XVII 120 und 123; XXI 57; XXV 110; and. Ansicht Seuffert's Archiv XIV

Dasselbe gilt von der Haftung nicht richterlicher, insbesondere der Verwaltungsbeamten.[1]) Begründet wird hier der Anspruch gegen den schuldhaften Beamten[2]) mit der Analogie der lex Aquilia[3]) theils mit der analogen Heranziehung verschiedener gegen Magistratspersonen bezw. Municipalbeamte im römischen Recht gegebener gesetzlicher Bestimmungen.[4]) Ob die Haftung der Beamten eine directe oder subsidiäre ist, ist ebenfalls bestritten. Wer die Kammergerichtsordnung v. 1555 (Th. III Tit. 53 § 10) für gemeines Recht hält, muß directe Haftung annehmen, denn darnach ist die Syndikatsklage „jederzeit" zuläßig.

b) Preußisches Recht.

Das Allg. Landrecht bestimmt in Theil II Titel 10:[5])

§ 88. „Wer ein Amt übernimmt, muß auf die pflichtmäßige Führung desselben die genaueste Aufmerksamkeit wenden."

§ 89. „Jedes dabei begangene Versehen, welches bei gehöriger Aufmerksamkeit und nach den Kenntnissen, die bei der Verwaltung des Amtes erfordert werden, hätte vermieden werden können und sollen, muß er vertreten."[6])

§ 90. „Vorgesetzte, welche durch vorschriftsmäßige Aufmerksamkeit die Amtsvergehungen ihrer Untergebenen hätten hindern können, sind für den aus Vernachlässigung dessen entstehenden Schaden, sowohl

---

140 Nr. 1; XXII 48 und XXV 264. Die römische Vormundschaftsbehörde haftete nicht wie der Richter ex delicto oder quasi ex delicto, sondern quasi ex contractu. Ebenso ist das Verhältniß des Richters der freiwilligen Gerichtsbarkeit zu konstruiren. Bei der Besorgung von Vormundschaften, der Vornahme von Eintragungen im Grundbuche, der Beglaubigung von Unterschriften, der Testamentserrichtung, nimmt der Richter gleichsam ein bevormundende Stellung ein. Hieraus erklärt sich seine Haftung für omnis culpa.

[1]) Seuffert's Archiv II 54, III 326, V 135, 287, X 51, XV 189, XXI 57.

[2]) Die analoge Anwendbarkeit der Syndikatsklage gegen nicht richterliche Beamte lehnt die Praxis ab (Seuffert's Archiv XX 38, XXI 57 und R.G. E. 17, 26).

[3]) Seuffert's Archiv XVI 38.

[4]) Seuffert's Archiv XX 38.

[5]) Diese Vorschriften gelten auch in den neu erworbenen Landestheilen nach der Verordnung vom 23. September 1867 (R.G. bei Gruchot 28, 968 und Seuffert 41, 8) aber nicht in der Rheinprovinz (R.G. E. 43, 385). Sie sind maßgebend für richterliche und nichtrichterliche Beamte, wegen des Spruchrichters vergl. § 24, und finden entsprechende Anwendung auf mittelbare Staatsbeamte. Daß die Vertretung des Beamten nicht bloß gegenüber dem Staate, sondern auch der Privatperson besteht, folgt aus § 90 II, 10 A.L.R.

[6]) Das vormalige Obertribunal (Strieth. Arch. 20 195) hat angenommen, daß mäßiges Versehen die Haftbarkeit begründe, während es (Strieth. Arch. 70, 188) geringes Versehen für ausreichend hält. Auf letzterem Standpunkt steht auch die preuß. Doctrin und das R.G. bei Gruchot 28, 968.

dem Staate, als einzelnen Privatpersonen, welche darunter leiden, verhaftet."

§ 91. „Doch findet in beiden Fällen die Vertretung nur alsdann statt, wenn kein andere sgesetzmäßiges Mittel, wodurch dem Nachtheiligen, eines solchen Versehens abgeholfen werden könnte, mehr übrig ist."[1])

Die Allg. Gerichtsordnung giebt in Theil III Titel 1 noch folgende Vorschrift:

§ 23. „Wenn sich offenbaret, daß ein Justizbedienter wirklich seine Pflicht vernachlässigt oder aus den Augen gesetzt, eine Ungerechtigkeit verübt, den Vorschriften der Gesetze und den Obliegenheiten seines Amtes zuwider gehandelt hat, so soll derselbe allen der Partei dadurch verursachten Schaden ersetzen."

c) Königreich Sachsen:

Bürgerl. Gesetzbuch von 1863:

§ 1506: „Wer durch absichtliche Verschuldung oder grobe Fahrlässigkeit eines richterlichen Beamten bei Verhandlung oder Entscheidung eines Rechtsstreits, oder in Geschäften der freiwilligen Gerichtsbarkeit Schaden erleidet, kann dessen Ersatz von dem schuldigen Beamten fordern. Dieser Anspruch fällt weg, wenn der Verletzte Rechtsmittel nicht gebraucht hat, durch welche er die ihm Schaden bringende richterliche Handlung hätte abwenden können."

Nach § 1507 haften nicht minder die von dem Staate oder der Gemeinde angestellten Verwaltungsbeamten für den Schaden, welchen sie bei Behandlung der ihnen obliegenden Geschäfte absichtlich oder durch grobe Fahrlässigkeit verursachen.

d) Französisches Recht.[1])

Code civil. Art. 1382: Tout fait quelconque de l'homme, qui cause à autrui un dommage, oblige celui par la faute duquel il est arrivé à le réparer.

Art. 1383: „Chacun est responsable du dommage, qu'il a causé non seulement, par son fait, mais encore par sa négligence ou par son imprudence."[2])

Die Haftung des Richters ist im code de proced. civ. Artikel 505[3]) besonders geregelt:

„Les juges peuvent être pris à partie dans les cas suivants: 1) s'il y a dol, fraude ou concussion, qu'on prétendrait avoir

---

[1]) Die Haftung ist also selbst bei dolus und culpa lata nur subsidiär.

[2]) Dasselbe gilt im Großherzogthum Baden, der preuß. Rheinprovinz, Elsaß-Lothringen, Rheinbayern.

[3]) Nach der herrschenden Meinung ist der Beamte, zu welchem auch der Notar gehört für das geringste Versehen verantwortlich. (Geser, S. 94 Anm.) Wegen Haftung der Civilstandsbeamten vergl. cod. civ. Art. 51 und 52.

été commis. soit dans le cours de l'instruction soit lors des jugements;

2) si la prise à partie (d. i. die Regreßklage) est expressement prononcé par la loi;[1])

3) si la loi declare les juges responsables, à peine de dommages et intérêts.[2])

4) s'il y a deni de justice."

Dieser Artikel beschränkt sich nicht auf die amtliche Thätigkeit des Richters bei der Urtheilsfällung und überhaupt in der streitigen Gerichtsbarkeit, sondern will die Verantwortlichkeit des Richters in Bezug auf seine gesammte Amtsführung, also auch soweit es sich um Ausführung der freiwilligen Gerichtsbarkeit handelt, reguliren und diese abweichend von den allgemeinen in den Art. 1382 ff. für außerkontractliches Verschulden und Versehen aufgestellten Grundsätzen in engere Grenzen einschränken.

§ 10.

Neues Recht.

Das B.G.B. hat folgende Bestimmung:

§ 839.

„Verletzt ein Beamter vorsätzlich oder fahrlässig die ihm einem Dritten gegenüber obliegende Amtspflicht, so hat er dem Dritten den daraus entstehenden Schaden zu ersetzen. Fällt dem Beamten Fahrlässigkeit zur Last, so kann er nur dann in Anspruch genommen werden, wenn der Verletzte nicht auf andere Weise Ersatz zu erlangen vermag.

Verletzt ein Beamter bei dem Urtheil in einer Rechtssache seine Amtspflicht, so ist er für den daraus entstehenden Schaden nur dann verantwortlich, wenn die Pflichtverletzung mit einer im Wege des gerichtlichen Strafverfahrens zu verhängenden öffentlichen Strafe bedroht ist. Auf eine pflichtwidrige Verweigerung oder Verzögerung der Ausübung des Amtes findet diese Vorschrift keine Anwendung.

Die Ersatzpflicht tritt nicht ein, wenn der Verletzte vorsätzlich oder fahrlässig unterlassen hat, den Schaden durch Gebrauch eines Rechtsmittels abzuwenden."

Kapitel II. Allgemeines.

§ 11.

Begriff des Beamten und der Amtshandlung.

Grundlage der Haftung des Beamten ist stets die Eigenschaft des Schädigenden als eines Beamten und die Handlung desselben als einer Amtshandlung.

---

[1]) R.G. 7. 3. 1899, E. 43, 384.

[2]) Z. B. code civil Art 2063.

a) **Beamter.** Wer als solcher anzusehen ist, darüber entscheidet bezüglich der Reichsbeamten das Reichsbeamtengesetz vom 31. März 1873 (R. G. Bl. S. 61); im übrigen das öffentliche Recht der einzelnen Bundesstaaten. Man wird sich im Allgemeinen an den § 359 St.G.B. halten können, welcher bestimmt:

„Unter Beamten . . . sind zu verstehen alle im Dienst des Reichs oder in unmittelbarem oder mittelbarem[1]) Dienste eines Bundesstaats auf Lebenszeit, auf Zeit oder nur vorläufig angestellte Personen, ohne Unterschied, ob sie einen Diensteid geleistet haben oder nicht, ingleichen Notare, nicht aber Advokaten und Anwälte."

Vorausgesetzt wird ein Dienstverhältniß[2]) zum Staate oder einer öffentlich-rechtlichen Korporation[3]) und zwar nicht ein bloß durch privatrechtl. Vertrag, sondern durch den öffentlich-rechtlichen Act der Anstellung entstandenes, mit welchem eine Unterordnung unter die anstellende Behörde verbunden ist.

Zulassung zur Ausübung eines Berufs ist keine Anstellung, Rechtsanwälte,[4]) Aerzte[5]) u. s. w. sind daher keine Beamte. Notare und Gerichtsvollzieher dagegen wohl, doch gelten bei ihnen einige Besonderheiten.[6])

Neben den Beamten des Staates kommen noch diejenigen folgender Körperschaften, Stiftungen und Anstalten in Betracht:

Die kommunalen Verbände: Stadtgemeinden (Bürgermeister, Magistratsmitglieder), Landgemeinden (Gemeindevorsteher, Amtsvorsteher, Schulze, Dorfrichter), Kreise, Provinzen, die Schul-, Armen- und Wegeverbände; die kirchlichen Körperschaften der beiden christlichen Konfessionen,[7]) die vielfach bestehenden ständischen Körperschaften (Ritterschaften, Landschaften), die Schulen und Universitäten als Anstalten, die Anwaltskammern,[8]) die Landwirthschaftskammern,[9]) die neuen Innungen,[10]) die reichsgesetzlich geordneten Krankenkassen, Hilfskassen, die Berufsgenossenschaften für Unfallversicherung und die Versicherungsanstalten des Invaliditäts- und Altersversicherungsgesetzes. Ferner Hospize, Krankenanstalten, Siechenhäuser, Armenhäuser, insoweit sie öffent-

[1]) „Im mittelbaren Staatsdienst angestellt" ist, wer seine Thätigkeit nicht dem Staate selbst, sondern einer diesem untergeordneten, organisch in seine Verfassung eingreifenden Gemeinheit widmen soll.

[2]) Ob Gehalt gezahlt wird oder nicht, ist gleichgiltig. Auch der unbesoldete Assessor ist civilrechtlich verantwortlich.

[3]) Z. B. auch öffentliche Stiftungen.

[4]) Vergl. unten § 28.

[5]) Beamtete Aerzte unterliegen den Vorschriften des § 839 B.G.B.

[6]) Vergl. §§ 26 und 27.

[7]) § 12 II, 11 A.L.R.

[8]) Reichsgesetz vom 1. Juli 1878 § 48.

[9]) Preuß. Gesetz vom 30. Juni 1894.

[10]) Gewerbe-Ordnung §§ 97 ff.

liche Anstalten sind und nicht auf privater Stiftung beruhen und lediglich unter privater Verwaltung stehen; die Reichsbank, der Reichsinvalidenfonds.

Landesgesetzlich bestehen eine große Anzahl juristischer Personen des öffentlichen Rechts auf den durch die Art. 65, 66, 67, 69 u. 75 Einf.-Ges. z. B.G.B. dem Landesrecht überlassenen Rechtsgebieten (Wasserrecht, Deich- u. Sielrecht, Bergrecht, Jagd- und Fischereirecht, Versicherungsrecht), in Preußen z. B. die Deichverbände,[1]) Fischereigenossenschaften[2]), öffentl. Genossenschaften zu Be- und Entwässerungsanlagen.[3])

Auch die Militiärpersonen[4]) (Offiziere und Kapitulanten) sind als Beamte anzusehen, sofern sie öffentlich-rechtliche Functionen ausüben; auch Gensdarmen als Mitglieeder der bewaffneten Macht gehören hierher.[5]) Insbesondere hat ein die Polizeigewalt handhabender Rondeoffizier während des Wachtdienstes die Eigenschaft eines Beamten.[6])

Hofbeamte gehören nicht zu den öffentlichen Beamten.

Wegen der Haftung der Geschworenen, Schöffen, Handelsrichter: vgl. § 24, des Schiedsrichters: § 25, der Mitglieder des Familienraths: § 23; öffentlicher Sachverständiger: § 28.

Als verantwortlicher Beamter kann nur derjenige in Betracht kommen welchem die selbstständige Erledigung der Amtsgeschäfte aufgetragen ist.[7]) Nicht allein für die eigenen Versehen tritt die Haftbarkeit ein, auch für die Handlungen und Versehen der ihm zur Beschäftigung oder Ausbildung überwiesenen Personen z. B. Referendare, sowie der ohne höhere Anordnung eigenmächtig gewählten Stellvertreter[8]) haftet der Beamte. Doch haften die ihm von der vorgesetzten Behörde als selbstständig arbeitend zugeordneten Hilfsbeamten für ihre Handlungen allein.[9])

Darf der Beamte die ihm zur Ausbildung oder Beschäftigung Ueberwiesenen mit der selbstständigen Erledigung von Amtsgeschäften beauftragen, wie dies gemäß § 2 preuß. Ausf.-Gesetz z. G.V.G. der

---

[1]) §§ 11 ff. des Deichgesetzes vom 28. Januar 1848.

[2]) §§ 9 und 10 des Fischereigesetzes vom 30. Mai 1874.

[3]) Gesetz vom 1. April 1879.

[4]) Militärbeamte sind selbstverständlich den Beamten zuzuzählen.

[5]) Oppenhoff, Rechtspr. 14, 600.

[6]) O.L.G. Celle in Goltd. Arch. 37, 215.

[7]) Hat z. B. ein Assessor, welcher der Staatsanwaltschaft zur Beschäftigung überwiesen ist, noch nicht die Berechtigung, die von ihm bearbeiteten Verfügungen u. s. w. zu unterzeichnen, so haftet nicht dieser, sondern der Beamte, welcher die Entscheidung u. s. w. unterzeichnet hat.

[8]) Der gesetzliche bezw. geschäftsordnungsmäßige Stellvertreter haftet selbstverständlich für sein Versehen allein.

[9]) Obertr. 22. Juni 1877. Striethorst. Arch. 25, 236.

Amtsrichter bezüglich der über zwei Jahre im Vorbereitungsdienst befindlichen Referendare darf, so haftet er nur, wenn ihm culpa in eligendo aut custodiendo trifft.

Zwei Fälle aus der Praxis:

Ein Amtsrichter hatte den Sekretär beauftragt, die bei Gericht eingezahlten Erstehungsgelder aus einer Subhastation in Empfang zu nehmen und auszuzahlen. Es fehlte später die Summe von 447 Mark. Nach § 102 des Gesetzes vom 13. Juli 1883 hat die Zahlung der Erstehungsgelder aber an den Richter zu erfolgen. Da der Amtsrichter öffentliche Amtsgeschäfte einem dazu nicht qualifizirten Anderen aufgegeben hat, so sind die Handlungen des Substituten nichtig (§§ 41, 43 A.L.R. I, 4) und dieser wie der Machtgeber haften solidarisch wegen alles daraus entstandenen Schadens (R.G. Bolze 22 Nr. 208).

Ein Gerichtssekretär, welchem die Vertheilung der Geschäfte in der Gerichtsschreiberei überlassen war, hatte den Eintrag der Konkursforderung in die Tabelle dem Gerichtsassistenten übertragen, was gemäß §§ 4 und 5 des preuß. Gesetzes vom 3. März 1879 zulässig war. Wegen Nichteintragung der Forderung in die Tabelle ist der Sekretär nicht verantwortlich sondern nur der Assistent; unerheblich ist, daß der Sekretär bei einzelnen Eintragungen in der Tabelle Ergänzungen oder Aenderungen vorgenommen hat, denn daraus ist nicht die Verpflichtung abzuleiten, daß er für die ganze Arbeit des Assistenten einsteht (R.G. Bolze 21, Nr. 255).

Wenn ein Beamter seine Aufsichtspflicht über den Beamten, welcher die schadenstiftende Handlung vorgenommen hat, vernachläßigt hat, so haften beide solidarisch.[1])

Bezüglich des Regreßrechts gegen einander entscheidet § 426 B.G.B.

Bei den Amtshandlungen ist zu unterscheiden, ob solche aus eigener Initiative des Beamten hervorgehen oder ob sie von den betreffenden Beamten auf Grund höheren Befehls vorgenommen werden.

Daß der Beamte bei ersteren haftbar erscheint, ist nicht zweifelhaft. Bezüglich des zweiten schützt der Regel nach[2]) den Beamten die Berufung auf den Befehl seiner vorgesetzten Dienstbehörde gegen seine eigene civilrechtliche Haftung. Die Gehorsamspflicht der Verwaltungsbeamten bedeutet aber nicht die Verpflichtung, die Anordnungen seiner Vorgesetzten blindlings zu befolgen. Der Untergebene hat zu untersuchen,

1) ob der Befehl (Auftrag) die vorgeschriebene amtliche Form hat, von deren Beachtung die Gültigkeit desselben abhängt, ob er z. B. wenn schriftlich ertheilt, die Unterschrift des Vorgesetzten hat,

2) ob ihm dem Unterbeamten die allgemeine sachliche oder ört-

---

[1]) Kayser, S. 55. Vergl. auch § 14, II.

[2]) Stets, wenn die Pflicht zur Leistung des Gehorsams eine unbedingte ist, wie z. B. beim Militär.

liche Zuständigkeit zur Ausführung des Befehls beiwohne.[1]) Der Beamte braucht solchen Anordnungen der vorgesetzten Behörde nicht nachzukommen, welche nicht amtliche Geschäfte zum Inhalte haben oder nicht in den Geschäftskreis ihrer gesetzlich normirten Zuständigkeit gehören.

3) ob der Befehlende die allgemeine sachliche und örtliche Kompetenz besitzt, einen Befehl der fragl. Art zu ertheilen.

Was den Inhalt des Befehls betrifft, so braucht selbstverständlich der Untergebene strafbare oder sonst gesetzlich verbotene Handlungen nicht auszuführen.[2])

Wird ein Richter von dem vorgesetzten Gericht zur Vornahme einer Amtshandlung z. B. Eintragung einer Hypothek angewiesen,[3]) so trifft die Verantwortung allein das befehlende Gericht. Sobald aber der Richter die in einem speziellen Falle ergangene Anweisung generalisirt und auf andere Fälle anwendet, also die Ansicht des höheren Gerichts zu der seinigen macht, wird er selbst verantwortlich (Jurist. Wochenschrift 42 S. 333).

Mit dieser Pflicht des Beamten, dem Befehl der vorgesetzten Behörde nachzukommen, steht die Pflicht einer Behörde, den Requisitionen anderer Behörden gemäß den Gesetzen über Gewährung der Rechtshilfe nachzukommen, in analogem Verhältnisse. Verantwortlich ist hier die ersuchende Behörde. Die Prüfungspflicht der ersuchten Behörde erstreckt sich regelmäßig auf die Frage der abstracten Zuständigkeit der ersuchenden Behörde und der eigenen konkreten Zuständigkeit.[4]) Nach der für die Gerichte hinsichtlich der Erledigung von Rechtshilfesachen jetzt maßgebenden Bestimmung des § 159 G.V.G.[5]) ist dem ersuchten Gericht auch die Kognition über die eigene örtliche Zuständigkeit entzogen, sofern es sich um Ersuchen eines im Inhat das ersuchte Gericht die verlangte Handlung auch auf ihre materielle Legalität zu prüfen, nämlich ob die Vornahme derselben nach dem Rechte des Amtssitzes erlaubt ist.[6])

Daß ein Beamter, welcher eine amtliche Angelegenheit erledigt hat, unbedingt berechtigt ist, sich auf den Ausspruch einer

---

[1]) Die Zweckmäßigkeit oder Angemessenheit des Befehls unterliegt nicht der Kritik des Untergebenen.

[2]) Nach dem noch giltigen, weil öffentliches Recht enthaltenden § 48 I, 6 A.L.R. hat derjenige, welcher aus Unwissenheit einen gesetzwidrigen Befehl ausgerichtet hat, den Regreß gegen den befehlenden Vorgesetzten.

[3]) Vergl. auch § 398 St.P.O.

[4]) Vergl. § 1 Abs. 2 des Rechtshilfegesetzes vom 21. Juni 1869.

[5]) Vergl. auch § 2 des Reichsgesetzes über die Angelegenheiten der freiwilligen Gerichtsbarkeit vom 17. Mai 1898 (R.-G.-Bl. S. 771). Wegen der Prüfungspflicht des Amtsrichters bei Requisitionen der Staatsanwaltschaft siehe § 160 Abs. 2 St.P.O.

[6]) Vergl. auch § 37 des Rechtshilfegesetzes.

Behörde zu berufen, welche vom Staate dazu bestimmt ist, über Fragen irgend welcher Art z. B. über Zuständigkeit u. s. w. einen endgültigen Entscheid zu treffen, bedarf keiner Ausführung.

Geser S. 118 führt endlich noch folgendes aus:

„Wird eine schädigende amtliche Verfügung im Rekurswege von der letzten Instanz bestätigt, so bleibt die Haftverbindlichkeit der ersten handelnden Behörde damit unverändert bestehen, da die schädigende Verfügung nicht von der im Rekurswege angegangenen Oberbehörde ausgegangen und sich letztere rein negativ zur Sache verhalten hat, wenn sie sich nicht veranlaßt sah, auf den Rekurs des Klägers einzugehen. Durch den Rekurs wird also die Passiv-Legitimation nicht verändert.[1])

b) Amtshandlung. (dans l'exercise de ses fonctions.) Der Beamte muß in Ausübung oder aus Veranlassung seiner amtlichen Functionen die zum Schadensersatz verpflichtende Handlung begangen haben. Bei Unterlassungen muß ihm Nichtbeachtung der ihm obliegenden amtlichen Pflichten zur Last fallen.

Es ist klar, daß derjenige keine amtlichen Functionen ausübt, welcher sich als Privater einen Amtscharakter anmaßt und dergestalt mit dem Schein des Amtlichen thätig wird. Ebensowenig handelt derjenige in amtlicher Eigenschaft, welcher zwar ein Amt besitzt, aber Handlungen vornimmt, die mit den Aufgaben des Amtes in gar keinen Zusammenhange stehen. Wer z. B. als Polizeibeamter die Gelegenheit einer Haussuchung benutzt, um zu stehlen, nimmt damit keine amtliche Handlung vor.

Wesentlich ist ferner, daß das in Frage stehende Geschäft eine amtliche Natur hat. Begeht ein Beamter eine Handlung, die zwar äußerlich das Gepräge des Amtlichen, in Wirklichkeit aber nicht der Erfüllung staatlicher Aufgaben, sondern anderen Zwecken dient, z. B. ein Münzbeamter fälscht Banknoten und bringt sie zwecks eigener Bereicherung in Verkehr oder ein Gerichtsschreiber fertigt falsche Hypothekenbriefe zu demselben Zwecke an, so liegt keine Amtshandlung vor. Etwas anderes ist es natürlich, wenn ein Gerichtsschreiber fälschlich Hypothekenbriefe anfertigt und diese von dem Richter versehentlich mit anderen ihm zur Unterzeichnung vorgelegten Schriftstücken unterschrieben werden.[2])

Dagegen wird der Charakter einer Amtshandlung dadurch nicht beeinträchtigt, daß bei Ausübung der Handlung eigensüchtige oder sonst pflichtwidrige Zwecke mitverfolgt werden, z. B. wenn der Beamte bestochen ist.

---

[1]) Vergl. Seuff. Arch. 25, 244 betr. eine Klage wegen Beschränkung in Gewerbebefugnissen, weil die Polizeibehörde einer Seiltänzergesellschaft das Auftreten verbot.

[2]) Kleinitz, S. 93. Hier nimmt der Richter, wenn er es auch nicht will, thatsächlich eine Amtshandlung vor.

Die Handlung muß ferner dem Bereich der Amtssphäre des Beamten angehören.[1])

Wenn eine Polizeibehörde Einkommensteuern oder dergl. ausschreiben wollte, so würde sie keine Amtshandlung begehen. Ist aber der Beamte zur Vornahme von Handlungen der betreffenden Art überhaupt befugt, also in abstracto zuständig, so kann, wenn er versehentlich[2]) seine Zuständigkeit in concreto (örtlich oder sachlich) angenommen hat, sein Handeln nicht als außeramtliches angesehen werden.[3])

Es kommt im Uebrigen nur darauf an, ob objectiv eine Amtshandlung vorliegt.[4]) Unzutreffend ist es, wenn Geser, S. 38, eine Amtshandlung dann annehmen will, wenn der Beamte so aufgetreten ist, daß der ihn gegenüberstehende Dritte und nachherige Geschädigte bei seiner individuellen geistigen Entwicklung und Kapazität unter Anwendung gewöhnlicher Aufmerksamkeit annehmen durfte, der Beamte handele in amtlicher Stellung und zu amtlichen Zwecke.[5])

Gehört es zu den Amtspflichten eines Beamten, Rath zu ertheilen, so fällt auch dies unter die Amtshandlung. Wenn hingegen der Beamte lediglich privatim Rath ertheilt, so haftet er nur gemäß § 676 B.G.B.

Liegt keine Amtshandlung vor, so haftet der Beamte dem geschädigten Dritten, wie ein Privatmann, gemäß §§ 823 ff. B.G.B. (Vgl. auch § 82 II, 10 A.L.R.).

Beispiel aus der Praxis:

Wenn Mitglieder eines Dorfgerichts ohne amtliche Anweisung Seitens des Gerichts oder ihrer sonstigen vorgesetzten Behörde und ohne amtliche Pflicht die Abhaltung einer Auction freiwillig und

---

[1]) Windscheid, Pandecten § 479 II, 765.

[2]) Anders wäre es, wenn der Beamte seine mangelnde Zuständigkeit gewußt hat.

[3]) Das Reichsgericht (Bolze 13 Nr. 217 und 23 Nr. 133) hat angenommen, daß der § 88 II, A.L.R. — vergl. oben § 9 unter b — sich auf alle Handlungen beziehe, welche der Beamte in amtlicher Eigenschaft vornimmt, wenn solche auch zu seinem amtlichen Geschäftskreis nicht gehören, aber von ihm als dazu gehörig angesehen werden z. B. ein Bürgermeister oder Gemeindevorsteher beglaubigt eine Unterschrift. Wenn der Beamte wissentlich amtlich eine nicht in seinen Geschäftskreis fallende Handlung vorgenommen hat, so folgt seine Verpflichtung zum Schadensersatz aus § 82 II, 10 A.L.R.

[4]) Ob der Geschädigte die Handlung als solche ansieht, ist gleichgiltig. (Entsch. des O.V.G. 12, 415.)

[5]) Nach Seuff. Pract. Pandectenrecht § 338 II, 252 und Roth, Bayr. Civilrecht § 35 I, 226 soll es garnicht darauf ankommen, ob der Beamte sich innerhalb der Grenzen des ihm angewiesenen Wirkungskreis gehalten habe oder nicht, sondern nur darauf, daß er als Beamter und nicht als Privatperson gehandelt habe.

lediglich im Auftrage einer hierbei betheiligten Privatperson oder des gesetzl. Vertreters derselben übernommen und in den Kreis ihrer amtlichen Functionen willkürlich gezogen haben, so haben sie, wenn sie gleich als mittelbare Staatsbeamten anzusehen sind, dadurch noch nicht eine mit der Verwaltung ihres Amtes verknüpfte Handlung ausgeübt. (Obertr. 15. 12. 1862, Strieth. Arch. 47, 246.)

§ 12.

Verletzung einer dem Beamten gegenüber einem Dritten obliegenden Amtspflicht.

Nach § 704 des I. Entwurfs war Jedermann zum Ersatze des durch eine vorsätzliche oder fahrlässige widerrechtliche Handlung entstandenen Schadens verpflichtet. Demgegenüber sollte die Haftung der Beamten eingeschränkt werden. Es wurde hervorgehoben, daß wenn man die Beamten schlechthin für den Schaden, welcher aus der Verletzung irgend einer Dienstpflicht entstanden ist, nach Maßgabe des § 704 verantwortlich machen wollte, dies bei der großen Zahl der Dienstvorschriften, welchen nur der Charakter von bloßen Ordnungsvorschriften beiwohnt, zu unerträglichen Härten führen würde. Sowohl dieserhalb als auch um den Begriff der Widerrechtlichkeit des allgemein gültigen § 704 (jetzt § 823) für Beamtenhaftung genauer festzustellen, wurde bestimmt, daß nur die Verletzung einer Amtspflicht, welche einem Dritten gegenüber bestehe, zum Schadensersatze verpflichte. Die Haftpflicht der Beamten stellte sich also im Vergleich zu der allgemeinen Haftpflicht als eine beschränktere dar. Durch § 823 B.G.B. wurde die allgemeine Ersatzpflicht im Vergleich zum I. Entwurf modifizirt. Der § 823 lautet:

„Wer vorsätzlich oder fahrlässig das Leben, den Körper, die Gesundheit, die Freiheit, das Eigenthum oder ein sonstiges Recht eines Anderen widerrechtlich verletzt, ist dem Anderen zum Ersatze des daraus entstehenden Schadens verpflichtet.

Die gleiche Verpflichtung trifft denjenigen, welcher gegen ein den Schutz eines Anderen bezweckendes Gesetz verstößt. Ist nach dem Inhalte des Gesetzes ein Verstoß gegen dieses auch ohne Verschulden möglich, so tritt die Ersatzpflicht nur im Falle des Verschuldens ein."

Man hat nun behauptet,[1]) daß auch jetzt noch für die Haftung der Beamten in Betracht kommt, ob die Voraussetzung des § 823 gegeben ist, und daß erst nach Bejahung dieser Frage zu prüfen sei, ob eine einem Dritten gegenüber obliegende Amtspflicht verletzt sei. Es läßt sich hierfür anführen, daß nach der ursprünglichen Absicht des Gesetzgebers die Beamtenhaftung lediglich ein Minus der allgemeinen Haftpflicht darstellen sollte und daß der § 839

---

[1]) Vergl. Endemann S. 916.

B.G.B. nach dieser Richtung von Anfang an unverändert geblieben ist. Dieser Ansicht kann indeß nicht beigepflichtet werden.[1]) Es fehlt im § 839 der im § 736 des Entwurfs enthaltene Hinweis auf § 704 (jetzt 823). Der § 839 nimmt nicht Bezug auf § 823, sondern spricht ganz abstract von der vorsätzlichen oder fahrlässigen Verletzung der Amtspflicht. Es kommt also nur darauf an, ob der Fall des § 839 B.G.B. vorliegt, ohne daß die Voraussetzungen des § 823 gegeben zu sein brauchen. Der § 839 schafft eine Haftung wegen Amtsdelicts, welche hinsichtlich des Schuldmoments selbstständig im System der unerlaubten Handlungen dasteht.

§ 839 ist sedes materiae für die Beamtenhaftpflicht. Man hat[2]) behauptet, daß ein Beamter nach dem strengeren § 823 B.G.B. haftet, welcher sich einer Verletzung von strafrechtlichen, auf Beamte bezüglichen Bestimmungen schuldig gemacht habe, oder welcher in unberechtigter Ausübung seines Amtes einen Eingriff in die geschützte Rechtssphäre des anderen sich habe zu schulden kommen lassen. Alle diese Fälle lassen sich aber unter den Begriff: „Verletzung einer dem Beamten einem Dritten gegenüber bestehenden Amtspflicht" zwanglos subsumiren. Denn die Beobachtung der Strafgesetze u. s. w. gehört ebenfalls zu den Pflichten des Beamten. Im § 839 B.G.B. ist überdies von einer Pflichtverletzung, welche mit einer im Wege des gerichtl. Verfahrens zu verhängenden öffentl. Strafe bedroht ist, die Rede. Die Haftpflicht des Beamten (§ 839 B.G.B.) ist übrigens unter Umständen eine weitergehende als die des § 823, denn, wie Nöldeke, S. 811, zutreffend hervorhebt, es lassen sich Fälle konstruiren, in denen seitens des Beamten durch Verletzung einer einem Dritten gegenüber obliegenden Amtspflicht ein Schaden verursacht wird, ohne daß gleichzeitig ein Recht des Dritten oder ein besonderes, seinen Schutz bezweckendes Gesetz verletzt wird.

Es kommt also ausschließlich die Verletzung der Amtspflicht in Frage.

Der Beamte haftet nun aber nicht wegen jeder schuldhaften Verletzung irgend einer Amtspflicht, sondern nur wegen Verletzung einer dem B e s c h ä d i g t e n g e g e n ü b e r bestehenden Amtspflicht. Den Gegensatz bilden diejenigen Amtspflichten, welche bloß das Verhältniß des Beamten zum Staate (Kommunalverband u.s.w.) betreffen und aus deren Verletzung der Dritte naturgemäß ein Recht nicht herleiten kann. Es ist dies vor Allem die große Zahl der Ordnungsvorschriften, welche für die Dienstführung des Beamten aufgestellt sind. Es ist Auslegungsfrage für den einzelnen Fall, ob die verletzte Dienstvorschrift, die Aufrechterhaltung der öffentlichen Ordnung, den Schutz der finanziellen Interessen des

---

[1]) Gl. Ans. Nöldeke, S. 811.

[2]) Kayser, S. 48 und Endemann, S. 917.

Staates bezweckt, ob sie nur im Interesse des inneren Dienstes erlassen ist, also nur eine interne Pflicht des Beamten[1]) gegenüber seinem Dienstherren (Staat- Gemeinde u. s. w.) oder auch eine Pflicht dritten gegenüber begründet. In der Praxis wird die Lösung der Frage nicht immer leicht sein. Ein Hauptgewicht wird man auf den Zweck zu legen haben, welchem die verletzte Amtspflicht dienen soll. Ist sie dazu bestimmt die Allgemeinheit zu schützen oder ist sie nur im Interesse des Einzelnen gegeben?

Nöldecke, S. 812 sagt:

„Die Verpflichtung des Richters, die Termine in Civilprozeßsachen binnen 24 Stunden anzusetzen, die Verpflichtung, den Verhafteten spätestens am Tage nach seiner Einlieferung in das Gefängniß über den Gegenstand der Beschuldigung zu hören, die Verpflichtung des Amtsrichters, darauf hinzuwirken, daß die Parteien über alle erheblichen Thatsachen sich vollstständig erklären und sachdienliche Anträge stellen, sind zweifellos Pflichten, welchen den Beamten Dritten gegenüber obliegen. Auf der anderen Seite werden hierunter nicht fallen die Verpflichtung des Amtsrichters, den Gerichtsschreiber zu beaufsichtigen; ein Dritter wird gegen den Amtsrichter einen Anspruch daraus nicht herleiten können, daß derselbe es unterlassen habe, seine Aufsichtspflicht in genügender Weise zu erfüllen. Auch die Verpflichtung zur Durchführung des vom Gericht beschlossenen Ausschlusses der Oeffentlichkeit ist keine dem Gericht gegenüber einem Dritten obliegende Amtspflicht. Ein Angeklagter wird keinen Anspruch darauf stützen können, daß durch Versehen des Gerichts eine Person unzulässiger Weise den Verhandlungen beigewohnt habe und ihm dadurch Schaden entstanden sei."

Vielleicht wird man generell sagen können, daß eine Verpflichtung dem Dritten gegenüber stets dann anzunehmen ist, wenn dem letzteren ein Rechtsmittel oder ein Beschwerderecht zusteht.[2])

Kapitel III. Die Schuldfrage.

§ 13.

Vorsatz und Fahrlässigkeit des Beamten.

Daß wenn der Beamte im Zustande der Bewußtlosigkeit u.s.w. gehandelt hat, eine Haftbarkeit nur im Fall des § 827 Satz 2 B.G.B. eintritt, ist nicht zweifelhaft.[3])

Nach § 839 ist eine vorsätzliche oder fahrlässige Verletzung der Amtspflicht des Beamten erforderlich. Der Beamte

---

[1]) Deren Verletzung nur disciplinarisch haftbar macht.

[2]) Planck, Kommentar zum B.G.B. § 839 Anm. 2b und Oertmann, ebenda zu § 839 Anm. 2.

[3]) Vergl. Bayern in § 36.

wird nicht schon verantwortlich durch ein gesetzwidriges Verhalten als solches[1]) also ohne Rücksicht auf die näheren Umstände des Falles.

Vorsatz ist das Handeln mit dem Bewußtsein, daß das, was man thut oder unterläßt, einem anderen Schaden verursacht.

Die vorsätzliche Schädigung eines Dritten durch Amtshandlungen gehört zu den Seltenheiten. Von erheblicher praktischer Bedeutung ist dagegen die Haftung des Beamten im Falle der Fahrlässigkeit. Fahrlässig handelt, wer die im Verkehr erforderliche Sorgfalt außer Acht läßt (§ 276 B.G.B.). Es genügt nicht, daß der Beamte beim Handeln keine schädlichen Folgen für andere sieht oder beabsichtigt, sondern der Beamte ist auch zur Ueberlegung verpflichtet, ob dieselben nicht möglich sind, und hat für die Abwendung der möglichen Sorge zu tragen. Der Grad der Fahrlässigkeit ist gleichgültig. Der Beamte haftet nicht bloß für grobes Versehen (culpa lata), vielmehr jede, auch die geringste Vernachlässigung der Sorgfalt eines „ordentlichen Hausvaters" macht ihn haftbar. Die Haftung ist also eine recht strenge; sie deckt sich mit derjenigen des Allg. Landrechts, welches von dem Beamten „die genaueste Aufmerksamkeit"[2]) (§ 88 II, 10 A.L.R.) verlangt. Nach § 89 II, 10 A.L.R. muß der Beamte jedes begangene Versehen vertreten, welches bei gehöriger Aufmerksamkeit und nach den Kenntnissen, die bei der Verwaltung des Amtes erfordert werden, hätte vermieden werden können und sollen. Dieser § kann auch für die Anwendung des § 839 B.G.B. benutzt werden. Es widerspricht dem Gesetz, anzunehmen, daß dem festgestellten Versehen aus Rücksichten der Billigkeit der Charakter eines vertretbaren abgesprochen, der Maßstab für die Haftbarkeit nicht dem Gesetz, sondern den Umständen des einzelnen Falles und einem vagen Billigkeitsgefühl entnommen werden dürfte. Insonderheit ist es unerheblich, ob der dem Versehen zu Grunde liegende Irrthum rechtlicher oder thatsächlicher Natur, ob derselbe durch Gleichgültigkeit gegen das öffentliche Interesse, oder durch ungenügende Informa-

---

[1]) Wenn Laband, Staatsrecht Bd. I, S. 413 ff., bezüglich der Reichsbeamten das Gegentheil behauptet, so ist das nicht zutreffend. Der § 13 des Reichsbeamtengesetzes vom 31. März 1873 hat nur formelle Bedeutung, und will nur den Satz aufstellen, daß die nach dem allgemeinen Recht begründete Haftung der Beamten in Ansehung der gerichtlichen Verfolgbarkeit besonderen reichsrechtlichen Bestimmungen nicht unterliegt, während es hinsichtlich der materiellrechtlichen Voraussetzungen ihrer Verantwortlichkeit beim einschlägigen Landesgesetz bewenden soll. Vergl. auch Klewitz, S. 22 Anm. 1 und Nöldeke, S. 813 Anm.

[2]) Bei nicht rechtsgelehrten Beamten wird, soweit es sich um reine Rechtsfragen handelt, eine mildere Beurtheilung Platz greifen müssen.

tion bei an sich nicht tadelnswerther Willensrichtung veranlaßt war (R.G. bei Bolze 2 Nr. 555).

Das preuß. Allg. Landrecht unterschied grobes, mäßiges und geringes Versehen.

„Ein Versehen, welches bei gewöhnlichen Fähigkeiten ohne Anstrengung der Aufmerksamkeit, vermieden werden konnte, heißt ein grobes Versehen.“ (I, 3 § 18.)

„Ein mäßiges Versehen heißt dasjenige, welches bei einem gewöhnlichen Grade von Aufmerksamkeit vermieden werden konnte.“ (I, 3 § 20.)

„Ein geringes Versehen ist dasjenige, welches nur bei vorzüglichen Fähigkeiten oder bei einer besonderen Kenntniß der Sache oder des Geschäfts, oder durch eine ungewöhnliche Anstrengung der Aufmerksamket vermieden werden konnte.“ (I, 3 § 22.)

Ob Fahrlässigkeit vorliegt, ist nach den Umständen des einzelnen Falles zu beurtheilen.[1]) Allgemeine Regeln lassen sich nicht aufstellen. Der Ansicht Nöldecke's, a. a. O. S. 813, daß dabei das Maß der eigenen Urtheilsfähigkeit und Einsicht des Beamten in Betracht zu kommen habe, kann nicht beigepflichtet werden. Eine Individualisirung erscheint unzulässig, die Beamten derselben Kategorie sind durchweg gleichmäßig zu behandeln, dem geschädigten Dritten gegenüber aus der Person des betreffenden Beamten hergeleiteten Momente zu berücksichtigen, ist nicht angängig. Der Dritte hat nicht die Auswahl des Beamten, er muß denjenigen angehen, welchem der Staat die betr. Function übertragen hat.

Andererseits ist zu beachten, daß der Prüfstein für die obligirende culpa nicht die Sorgfalt ist, welche ein ideal vollkommener Beamter anwenden würde, sondern eine Sorgfalt, wie sie der Durchschnittsbeamte anzuwenden pflegt.[2])

Hauptfälle beamtlicher Verschuldung ist Nichtbeachtung klarer Gesetze und allgemeiner Verwaltungsvorschriften,[3]) deren Kenntniß für einen Beamten selbstverständlich, des Inhalts der Acten und sonstiger Urkunden u. s. w., daß ein Beamter der Regel nach die für sein Ressort maßgebenden Bestimmungen kennen muß, bedarf keiner Ausführung.[4])

Für den richterlichen Beamten[5]) kann insbesondere als Ver-

---

[1]) Vergl. Haffner, S. 62. Ob der Strafrichter oder der Disciplinarrichter eine Fahrlässigkeit für vorliegend erachtet hat oder nicht, ist für den Civilrichter nicht bindend. Vergl. aber § 33 unten.

[2]) Haffner, S. 62 und Geser S. 71.

[3]) Z. B. Nichtbeachtung zwingender gesetzlicher Normen über die Formen amtlicher Bekanntmachungen, über die Art und Weise des Vollzugs administrativer Verfügungen.

[4]) Die Schutzbehauptung eines Exekutivbeamten, bei strikter Befolgung einer bestimmten Dienstvorschrift sei die Wahrnehmung des Dienstes unmöglich, wird sorgfältig erwogen werden müssen.

[5]) Auch der Verwaltungsrichter.

schuldung in Betracht kommen parteiische, ungleiche Auslegung des Rechtssatzes in gleichartigen Fällen (Rechtsungleichheit) und Verdrehung des Wortlautes; Mißachtung unzweideutiger Zeugenaussagen, Unterlassung einer beantragten Beweisaufnahme und dergl.; fahrlässige Verschleppung oder Verzögerung der Entscheidung über eine spruchreife Angelegenheit.[1])

Die richterliche Entscheidung ist eine Subsumtion eines Thatbestandes unter das objective Recht. Das letztere bildet den Obersatz, der Thatbestand den Untersatz und die rechtliche Entscheidung den Schlußsatz (Folgerung) eines Syllogismus.

Der Richter kann sich irren hinsichtlich des Obersatzes (irrige Gesetzesauslegung), hinsichtlich des Untersatzes (irrige Feststellung des Thatbestandes), hinsichtlich der Folgerung (irrige Entscheidung durch unrichtige Motivirung).

Schwarze, S. 124 ff., 142 u. 143 meint, daß eine durch bloße Rechtsunkenntniß des Richters veranlaßte Rechtsverletzung ohne Weiteres demselben als ein imputables Verschulden zur Last falle, während ein Mißgriff in der Subsumtion des Falles unter das Gesetz oder ein Fehler bei der thatsächlichen Würdigung schlechthin als entschuldbar erscheine.

Beide Ansichten können nicht für stichhaltig erklärt werden.[2])

Schwarze argumentirt: „Die spezielle Kunst oder Wissenschaft, zu deren Ausübung Jemand dem Publikum sich erbiete oder von dem Staate angestellt werde, sei ihr gegenüber ebenso zu betrachten, als das allgemeine Wissen, was bei Jemandem vorausgesetzt werde. Das non intelligere quod omnes intelligunt und artis peritum non esse, quamvis peritum te esse profitearis sei für den Betroffenen im Hauptwerke dasselbe. Derjenige Jurist, welcher ein Richteramt übernehme, ohne die hierzu erforderliche juristische Ausbildung zu besitzen, handele mindestens fahrlässig und begehe ein Wagstück dessen unglücklicher Ausgang ihm zur Schuld anzurechnen sei."

Der stolze Satz: „jura novit curia" kann, wie auch Klewitz, S. 24 hervorhebt, unmöglich wörtlich genommen werden. Die Rechtskenntnisse, welche von einem Richter billigerweise beansprucht werden, sind die eines gebildeten, nicht eines allwissenden Juristen.[3])

In Deutschland gelten trotz des am 1. Januar 1900 in Kraft getretenen neuen Rechts noch zahlreiche Partikularrechte. Der Verstoß eines erst seit kurzem in ein neues Rechtsgebiet versetzten Richters, der noch keine Zeit gehabt hat, sich in das partikulare

---

[1]) Auf dem Gebiete des Strafrechts auch: ungerechtfertigte Verhaftung, gesetzlich unzulässige Durchsuchung oder Beschlagnahme.

[2]) Vergl. auch Haffner, S. 61 und Klewitz, S. 23.

[3]) Omnium habere memoriam et penitus in nullo errare divinitatis magis, quam humanitatis est.

Recht einzuarbeiten,[1]) wird unter Umständen nicht als Versehen aufgefaßt werden können. Gleiches wird zu gelten haben, wenn plötzlich eine Reihe neuer umfangreicher Gesetze, insbesondere solcher, welche das alte Recht abändern, ohne daß die aufgehobenen Bestimmungen besonders bezeichnet werden, eingeführt sind. Auch der Umstand, daß es sich um eine entlegene Rechtsmaterie z. B. das Lehnrecht oder um komplizirte Thatbestände[2]) handelt oder daß dem Amtsrichter in einer kleinen Stadt nicht die Hilfsmittel (neueste Gesetzesausgabe, neueste Kommentare u. s. w.) nicht zur Seite stehen, wird herangezogen werden müssen.

Zur Begründung des zweiten von Schwarze aufgestellten Satzes wird bemerkt, daß hier nicht sowohl die Kenntniß des Rechts überhaupt, sondern die größere oder mindere Geschicklichkeit und Gewandheit und bezw. der Scharfsinn und die Klarheit des Verstandes es sei, von welcher die Entscheidung abhänge. Hier sei kein Normalmaß der Klugheit gegeben. Es fehle zuletzt eine unbedingt giltige Erkenntnißform dafür, welche Meinung die richtige sei. Den Satz des Neratius: „Facti interpretationem etiam prudentissimos fallere" könne man analog auch hier anwenden.

Der Verfasser schießt über das Ziel hinaus, denn daß auch bei Anwendung des Rechts auf den einzelnen Fall und zwar auch g r o b e Nachlässigkeit mitunterlaufen kann, dürfte nicht zweifelhaft sein. Solange die Thätigkeit des Subsumirens der Thatsachen unter das Gesetz sich auf der Basis juristisch irgendwie haltbarer Reflexionen bewegt, wird es gewiß Niemanden einfallen, von einer Pflichtverletzung zu reden.[3]) Anders verhält es sich, wenn diese Grenze dergestalt überschritten wird, daß den primärsten Anforderungen der juristischen Logik zuwider das Gesetz auf den Fall angewendet wird.

In den Dissertationen älterer Juristen[4]) wird die Frage erörtert, ob es Schuld für einen Richter sei, wenn er „contra comunem opinionem" urtheile oder wenn er im Widerspruch mit dem Gutachten einer Juristenfakultät entscheide.

Die Befolgung einer Ansicht in einer kontroversen Frage, welche der über den Regreßanspruch entscheidende Richter für unrichtig hält, ist nicht ohne Weiteres als Versehen anzurechnen. Nach Ansicht des Reichsgerichts (Bolze 7, Nr. 273) fällt dem Richter kein Versehen zur Last, wenn er bei Anwendung eines Gesetzes,

---

[1]) Welcher deutsche Jurist wäre wohl im Stande ein Dutzend Partikularrechte mit ihren zahllosen Details und Besonderheiten vollständig jederzeit im Kopfe zu haben.

[2]) R.G. in Zeitschr. f. preuß. Recht 4, 690; vergl. auch R.G. Büreaublatt 86, 74.

[3]) Klewitz, S. 26.

[4]) Vergl. Haffner, S. 62.

welches verschiedener Deutung fähig ist, der von beachtenswerther Seite vertretenen Auffassung folgte, solange die entgegenstehende Ansicht eine überzeugende Begründung in Doctrin und Praxis noch nicht gefunden hat.[1])

Bei Formalien wird man im Allgemeinen fordern müssen, daß sich der Richter an die allgemeine und rezipirte Praxis halte, selbst wenn die Abweichung nach richtiger Ansicht keine Nichtigkeit bildet, aber als eine Nichtigkeit aufgefaßt werden kann und zu einer Vernichtung in concreto führte.[2]) Das Reichsgericht (Jurist. Wochensch. 1888 S. 36 Nr. 91) sagt:

„Von dem Beamten ist bei Aufnahme einer Urkunde ein höheres Maß von Sorgfalt und Aufmerksamkeit nicht zu fordern, als daß von ihm diejenigen Formen beobachtet werden, welche von den obersten Gerichtshöfen als die dem Gesetze entsprechenden erklärt sind. Es begründet daher noch keine Verschuldung, wenn die Urkunde trotzdem als formwidrig erkannt wird. Eine weitergehende Verantwortlichkeit würde Haftung nicht für Verschuldung (subjectives Unrecht), sondern für objectives Unrecht sein."[3])

Vorstehende Ausführungen gelten auch entsprechend für nichtrichterliche Beamten. Man wird hier der Kenntniß des Rechts die Kenntniß der für das betreffende Ressort erlassenen Verwaltungsvorschriften gleich zu setzen haben.

Bei Polizeibeamten sind die Ausstellung eines falschen Attestes z. B. Lebensbescheinigung, unzuläßige Versagung[4]) von Versammlungen, Aufführungen u. s. w. Hauptfälle von Regreßklagen.

Ein Irrthum über Thatsachen entschuldigt, sofern die pflichtgemäße Sorgfalt nicht außer Acht gelassen wurde.

Zwei Beispiele aus der Praxis:[5])

„Ein Polizeibeamter sollte unnöthigerweise eine Scheune bei einer Feuersbrunst niedergerissen haben, wozu er sich irrthümlich berechtigt glaubte, weil das Niederreißen derselben ihm nothwendig erschien. Dieser Irrthum entschuldigte den Beamten."

„Ein Grenzaufseher war „befugt", die Waare zu beschlagnahmen, wenn er überzeugt war, daß sie geschmuggelt war; ob sie wirklich geschmuggelt war, ist für seine Schadensersatzpflicht gleichgültig.

Nicht entschuldigen würde infolge Außerachtlassung der ge-

---

[1]) Den Richter trifft auch kein Versehen, wenn er von der Rechtsansicht ausgeht, eine Bestimmung des Provinzialrechts, von welcher es streitig ist, ob sie gelte, habe Geltung, mag auch demnächst diese Ansicht vom erkennenden Richter verworfen werden (R.G. bei Bolze 9. Nr. 189).

[2]) Dernburg, Preuß. Privatr. Bd. 2 § 298 Anm. 16.

[3]) Das R.G. E. 40, 204 sagt, daß nur dann von einer Fahrlässigkeit die Rede sein könne, wenn über die in Betracht kommende Rechtsfrage eine Meinungsverschiedenheit kaum denkbar sei.

[4]) Auch Auflösung derselben.

[5]) Mayer, Deutsches Verwaltungsrecht 1895 I, §§ 7 und 8.

hörigen Sorgfalt z. B. der thatsächliche Irrthum eines Beamten, der Befehl erhalten hat, verfälschter Milch auf dem Markte nachzugehen und sie wegzugießen, irrthümlich aber Rahm weggießt, welchen er für gewässerte Milch hält. Durch den Befehl ist er hierfür nicht gedeckt; der Irrthum ist die Folge pflichtwidrigen Mangels an Aufmerksamkeit.[1])

Ueber die Frage, ob da, wo ein Ermessen des Beamten stattfindet, ein Verschulden ausgeschlossen ist, sprechen sich zwei Urtheile des Reichsgerichts aus:

„Ein Amtsrichter hatte eine Sitzung des Schöffengerichts, in welcher der Gerichtsschreiber sich weigerte, auch als Dolmetsch thätig zu sein, wegen dieser Weigerung aufgehoben. Die Klage des Justizfiskus auf Erstattung der für die Sachen, welche noch anstanden, erwachsenen Zeugengebühren, ist durchgedrungen. Der Einwand des Richters, die Fortsetzung der Sitzung habe er mit dem Ansehen des Gerichts für unvereinbar gehalten, ist verworfen. Nach Ansicht des Reichsgerichts wäre allerdings die Sache anders zu beurtheilen gewesen, wenn der Richter behauptet hätte, er sei in Folge des Verhaltens des Gerichtsschreibers so erregt gewesen, daß er sich für unfähig gehalten habe, weiter seine richterliche Thätigkeit in der Sitzung auszuüben.[2])

In den Gründen heißt es: „Unrichtig ist die Behauptung, daß überall da, wo ein Ermessen stattfinde, ein Verschulden ausgeschlossen sei. Der Umstand, daß es dem diskretionären Ermessen des Vorsitzenden überlassen ist, die geeigneten Anordnungen zu treffen, um Störungen der Verhandlung abzuwenden und zu unterdrücken, sowie daß derselbe nicht nur berechtigt, sondern auch verpflichtet ist, für Aufrechterhaltung der Ordnung zu sorgen, legt dem Vorsitzenden die Pflicht auf, die gehörige Aufmerksamkeit anzuwenden und unter Erwägung aller Umstände sorgfältig zu prüfen, ob eine Veranlassung vorliegt, welche das gewählte Mittel der Aufhebung der Sitzung zu rechtfertigen vermag und ob er bei dessen Anwendung nicht seine anderweitigen Amtspflichten verletzt, zu welchen im vorliegenden Falle auch die gehörte, Sorge dafür zu tragen, daß sowohl im Interesse des Staates als der Parteien die sämmtlichen zur Verhandlung anstehenden Sachen in der dazu bestimmten Sitzung erledigt wurden."[3])

Anders gestaltet sich die Sache, wenn das Gesetz bestimmte Grenzen für das Ermessen der Beamten vorschreibt.

Ein Richter, welcher auf Grund seines Ermessens Zeugengebühren innerhalb einer Maximal- und Minimalgrenze festsetzt, kann dieserhalb nicht verantwortlich werden, es müßte ihm denn ein besonderes Ver-

---

[1]) Vergl. Geser, S. 80.

[2]) Dann hätte aber der Richter mindestens für Benachrichtigung seines Stellvertreters sorgen müssen. Macht das Benehmen des Staatsanwalts (Amtsanwalts) oder der Gerichtsmitglieder die vorläufige Aufhebung der Sitzung erforderlich, so ist ebenfalls die sofortige Einberufung der Stellvertreter zu veranlassen.

[3]) R.G. 10. Juli 1893 E. 32, 390.

schulden dabei, eine absichtliche Nichtbeachtung der für sein Ermessen maßgebenden thatsächlichen Verhältnisse nachgewiesen werden. Eine materielle Ungesetzmäßigkeit wäre nur anzunehmen, wenn der Richter in der Absicht zu begünstigen oder in sonst unentschuldbarer Weise Gebühren über das gesetzliche Maß hinaus angewiesen, z. B. mehr als eine Mark für die Stunde angesetzt hätte. In einem solchen Falle würde es sich nicht um die — wenn auch unzweckmäßige — Ausübung eines dem Beamten vom Gesetze anheimgegebenn Ermessens, sondern um eine Ueberschreitung der diesem Ermessen vom Gesetze gezogenen Grenzen handeln.[1])

Auch Ueberlastung mit Dienstgeschäften kann entschuldigend für den Beamten angeführt werden. Namentlich wird dieser Punct zu prüfen sein, wenn dem Beamten eine pflichtwidrige Unterlassung zur Last fällt. Die Geschäftslage kann vereinzelt sich derartig gestalten, daß die rechtzeitige Erledigung aller Amtsgeschäfte sich beim besten Willen nicht ermöglichen läßt. Bei großen Amtsgerichten z. B. kommt es nicht selten vor, daß zu gleicher Zeit mehrere Anträge auf Sistirung von Zwangsvollstreckungen einlaufen und zwar kurze Zeit vor der Versteigerung. Wenn es so dem Richter an der nöthigen Zeit gebricht, um alle Anträge noch rechtzeitig zu erledigen, so kann ihm deswegen natürlich kein Vorwurf gemacht werden.

§ 14.

Verschulden mehrerer Personen.

Haftung eines Kollegiums.[2])

I. Altes Recht.

a) Gemeinrechtlich gehen die Ansichten auseinander, ob, wenn die Pflichtverletzung von einer Kollegialbehörde ausgegangen ist, nur die schuldigen Mitglieder der letzteren oder die sämmtlichen Mitglieder, wenigstens diejenigen, welche an der verletzenden Verfügung theilgenommen haben oder das Kollegium als solches in Anspruch genommen werden können..[3])

Die Haftung ist eine solidarische, jedoch hat jedes Mitglied die Einrede der Theilung, (beneficium divisionis), soweit bloße Nachlässigkeit in Betracht kommt, während sie bei bewußter Pflichtwidrigkeit wegfällt. Sollten einzelne Mitglieder

---

[1]) R.G. 19. März 1889, E. 23, 326.

[2]) Wegen des Spruchrichters, vergl. § 24.

[3]) Motive zum I. Entwurf Bd. 2 S. 826 und Seuffert's Archiv XIV, 140; vergl. auch Sintenis, Das praktisch-gem. Civilr. II, 782 (ed. 2. S. 773).

in dolo sein, während die Anderen nur culpos handelten, so haften erstere primär, die Anderen nur subsidiär; diese haben daher das beneficium excussionis.

Mitgliedern, welche bei gleicher Haftung mehr als ihre Rate bezahlt haben, steht auch ohne Klagecession, der Regreß an die Gleichschuldigen zu, soweit es sich nicht um dolose Pflichtverletzung gehandelt hat.[1])

b) Das preuß Allg. Landrecht geht von dem Grundsatze aus, daß die Mitglieder eines Kollegiums sämmtlich für die dem Kollegium obliegenden Geschäften einzustehen haben, doch wird dieser Grundsatz durch eine Reihe detaillirter Vorschriften theils modifizirt theils mehr bestimmt.

Die einschlägigen Bestimmungen sind die §§ 127—145 II, 10, deren Inhalt folgender ist:

Die Mitglieder des Kollegiums haften solidarisch als Mitbetheiligte an der Schadenszufügung, bei Vorsatz und grobem Versehen rein solidarisch, bei mäßigem und geringem Versehen zunächst antheilsweise, jedoch so, daß die zahlungsfähigen Mitglieder, aushilfsweise die Antheile der anderen nicht zahlungsfähigen zu tragen haben.

Die Klage ist nicht gegen das Kollegium als juristische Person, sonderen gegen diejenigen einzelnen Personen zu richten, die zur Zeit des schädigenden Beschlusses Mitglieder des Kollegiums waren.

Das in Anspruch genommene Mitglied kann einwenden:

1) daß das Versehen durch den unrichtigen Vortrag eines Mitgliedes verursacht;[2])

2) daß die Verfügung nicht gemäß dem Beschlusse des Kollegiums abgefaßt[2]) oder

3) daß der Schaden durch andere Pflichtwidrigkeiten oder Fahrlässigkeit eines einzelnen Mitgliedes entstanden ist;[2])

4) daß die Sache, in welcher das Versehen begangen, überhaupt nicht vorgetragen sei;[3])

5) daß durch Gesetz oder Amtsinstruction gewisse Geschäfte Einzelnen ausschließlich zugewiesen gewesen seien;[4])

6) daß es (das Mitglied) kein Votum in der Sache gehabt habe;[5])

7) daß es mit Vorwissen und Genehmigung des Vorgesetzten oder in Folge Krankheit abwesend gewesen;[6])

---

[1]) Haffner, S. 72.
[2]) § 130 II, 10.
[3]) § 134 II, 10.
[4]) § 138 II, 10.
[5]) § 141 II, 10.
[6]) §§ 142 und 143 II, 10.

8) daß es gegen den Beschluß des Kollegiums ihr abweichendes Votum schriftlich zu den Acten gebracht habe.[1])

Die Wirkung der Einreden ist absolut befreiend, denn die eine Subsidiarhaftung aussprechende Vorschrift des § 133 II, 10 A.L.R. ist, da besondere Gesetze nicht vorhanden sind, practisch bedeutungslos.

Die Wirkung der Einreden zu 1—3 ist die, daß sich der Geschädigte zunächst nur an das schuldige Mitglied und demnächst an den Vorgesetzten des Kollegiums halten darf, wenn er durch die ihm obliegende Aufmerksamkeit das Versehen hätte verhüten können.[2])

Eigenmächtige Geschäftsvertheilung unter die Mitglieder des Kollegiums entschuldigt die Nichtbetheiligten nicht. War aber nach der Verfassung (Amtsinstruction u. s. w.) einem Theil der Mitglieder die Bearbeitung der Angelegenheit besonders übertragen, und dem andern nur eine Aufsicht dabei zugewiesen, so haftet jener Theil für den Schaden ausschließlich, dieser vertritt nur subsidiär eine Vernachlässigung der Aufsicht.

Die Klage gegen die Mitglieder geht auch gegen ihre Erben.[3]) Einen Regreß haben die verurtheilten Mitglieder gegen dasjenige, welches das Geschäft ausschließlich übernommen hatte, auch wenn dies bei einer eigenmächtigen Geschäftsvertheilung geschehen war;[4]) außerdem nach den allgemeinen Regeln dasjenige Mitglied, welches den Schaden allein ersetzt oder mehr bezahlt hat, als sein Antheil beträgt.[5]) Vorsätzliche Beschädigung schließt den Regreß aus.[6])

c) Nach den meisten neueren Gesetzgebungswerken z. B. sächsisches Gesetzbuch §§ 1506 u. 1507 haften in Gemäßheit der allgemeinen Grundsätze immer nur die schuldigen Beamten, indem wegen der Haftung von Mitgliedern eines Kollegiums besondere positive Vorschriften nicht gegeben sind.

II. Jetziges Recht.

Dem Vorgange der Gesetzgebungswerke unter c ist das B.G.B. gefolgt. Die Motive (Bd. II S. 826) sagen: „Ein Bedürfniß in Abweichung von den allgemeinen Grundsätzen durch positive Bestimmungen dem Beschädigten in dem in Rede stehenden Falle

---

[1]) § 144 II, 10. Das Rescript vom 16. Aug. 1834 (Jahrbuch 44, 179) mißbilligt, Separatvota bei Abfassung der Erkenntnisse zu den Acten zu bringen. Nur in Hypotheken-, Deposital- und Vormundschaftssachen sollen dieselben zulässig sein.

[2]) § 132 II, 10.

[3]) § 145 II, 10.

[4]) § 137 II, 10.

[5]) §§ 136 ,137 II, 10; § 33 I, 6.

[6]) § 34, I, 6.

die Verfolgung seines Ersatzanspruches zu erleichtern, kann nicht anerkannt werden. Eine solche Begünstigung des Beschädigten kann auf der anderen Seite für die nichtschuldigen Mitglieder des Kollegiums zu großen Härten führen, die auch durch einen Regreß der letzteren gegen die schuldigen Mitglieder keineswegs in allen Fällen beseitigt werden.

Die maßgebenden Bestimmungen des B.G.B. sind folgende:

§ 830. „Haben mehrere durch eine gemeinschaftlich begangene unerlaubte Handlung einen Schaden verursacht, so ist jeder für den Schaden verantwortlich. Das gleiche gilt, wenn sich nicht ermitteln läßt, wer von mehreren Betheiligten den Schaden durch seine Handlung verursacht hat.

Anstifter und Gehilfen stehen Mitthätern gleich."

§ 840, Abs. 1. „Sind für den aus einer unerlaubten Handlung entstehenden Schaden mehrere nebeneinander verantwortlich, so haften sie vorbehaltlich der Vorschrift des § 835 Abs. 3 als Gesammtschuldner."

§ 421. „Schulden mehrere eine Leistung in der Weise, daß jeder die ganze Leistung zu bewirken verpflichtet, der Gläubiger aber die Leistung nur einmal zu fordern berechtigt ist (Gesammtschuldner), so kann der Gläubiger die Leistung nach seinem Belieben von jedem der Schuldner ganz oder zu einem Theil fordern. Bis zur Bewirkung der ganzen Leistung bleiben sämmtliche Schuldner verpflichtet."

§ 426. „Die Gesammtschuldner sind im Verhältniß zu einander zu gleichen Antheilen verpflichtet, soweit nicht ein anderes bestimmt ist. Kann von einem Gesammtschuldner der auf ihn entfallende Beitrag nicht erlangt werden, so ist der Ausfall von den übrigen zur Ausgleichung verpflichteten Schuldnern zu tragen.

Soweit ein Gesammtschuldner den Gläubiger befriedigt und von den übrigen Schuldnern Ausgleichung verlangen kann, geht die Forderung des Gläubigers gegen die übrigen Schuldner auf ihn über. Der Uebergang kann nicht zum Nachtheil des Gläubigers geltend gemacht wreden."

Wenn man die Schuldfrage feststellen will, muß streng unterschieden werden, ob es sich um die Verletzung einer den *sämmtlichen* Mitgliedern des Kollegiums oder bloß *einem* Mitgliede obliegenden Amtspflicht handelt.

In manchen Fällen wird es der Vorsitzende allein sein, welcher sich verantwortlich macht, nämlich bei Versehen bezüglich Leitung der mündlichen Verhandlung, bei Zuwiderhandlungen gegen die §§ 216 Abs. 2 (193 Abs. 2) u. 262 (234) CPO.[1])

Trägt bei Beschlußfassungen — ohne mündliche Verhandlung mit den Parteien — der Referent[2]) (Berichterstatter) in der be-

---

[1]) Verspätete und unrichtige Terminsbestimmung.

[2]) Eine Vorschrift, daß auch der Vorsitzende die Acten vorher lesen soll, damit er den Vortrag des Referenten kontrollieren kann, besteht nicht.

rathenden Sitzung unrichtig den Acteninhalt vor,[1]) so haftet er, falls hierdurch der unrichtige Beschluß veranlaßt ist, allein.[2]) Einzelne Amtshandlungen können seitens des Kollegiums einem einzelnen Mitgliede, z. B. dem beauftragten Richter, übertragen werden. In solchen Fällen z. B. bei falscher Protokollirung von Zeugenaussagen kommt stets nur die Haftung dieses Einzelnen in Betracht.

Bei Fassung von Entscheidungen handelt es sich dagegen um eine allen Mitgliedern obliegende Amtspflicht. Nicht das Kollegium als solches, sondern nur die einzelnen Mitglieder sind haftbar. Für jedes einzelne Mitglied muß der Beweis der mit dem Schaden im Kausalzusammenhang stehenden Verschuldung geführt werden. Der Geschädigte hat die Wahl, ob er ein einzelnes Mitglied oder mehrere bezw. alle als Gesammtschuldner in Anspruch nehmen will (§ 421 B.G.B.). Verantwortlich können nur sein diejenigen Mitglieder, denen ein entscheidendes Votum (Stimmrecht) zusteht[3]) und die bei der betreffenden Amtshandlung (Beschluß u. s. w.) mitgewirkt haben. Für die Gerichtskollegien ist eine bestimmte Zahl mitwirkender Beamten vorgeschrieben, bei anderen Kollegien nicht. Im letzteren Falle ist es gleichgültig, ob das betreffende Mitglied sich ohne Entschuldigungsgrund von der Sitzung ferngehalten hat.[4])

Von den bei der Amtshandlung mitwirkenden Mitgliedern ist ferner nicht haftbar, wer seine Stimme gegen den Beschluß abgegeben hat. Sollte derselbe sich auch des gleichen Versehens schuldig gemacht haben, wie die anderen Mitglieder und nur aus anderen Gründen gegen den Beschluß gestimmt haben, so ist sein Handeln doch nicht kausal für die Entstehung des Schadens, denn er wollte zu der Entstehung des schädigenden Beschlusses überhaupt nicht mitwirken.[5])

Für Pflichtwidrigkeit wegen Unterlassung haften sämmtliche Mitglieder des Kollegiums, welche zur Behandlung der Sache damals d. h. z. Z. der in Frage kommenden schuldhaften Unterlassung zuständig und im gegebenen Falle fähig waren.

---

[1]) Er führt unrichtige Thatsachen an oder enthält wesentliche Umstände vor und dergl.

[2]) Sind jedoch die von dem Referenten angeführten Thatsachen offenkundig falsch, oder mußten sie wegen inneren Widerspruchs oder aus anderen Grüdnen auch von dem minder Aufmerksamen als unrichtig erkannt werden, so trifft auch die übrigen beistimmenden Mitglieder die Verantwortlichkeit. Art. 3 des württemb. Entwurfs über die Syndikatsklage aus dem Jahre 1833. Vergl. Haffner, S. 85.

[3]) Wer nur eine berathende Stimme hat, kommt nicht in Betracht, sollten auch die stimmberechtigten Mitglieder seinem Votum gefolgt sein.

[4]) Haffner, S. 71.

[5]) Nöldeke, S. 826.

Später in das Kollegium eingetretene Mitglieder haften nicht, sofern sie nicht selbst durch pflichtwidrige Thätigkeit oder Unthätigkeit den Fehler zu dem ihrigen machen.

Für den Geschädigten kann es unter Umständen schwierig sein, die Mitglieder, welche bei der Amtshandlung mitgewirkt haben, ihrem Namen nach zu erfahren. Bei den ordentlichen Gerichten ist durch die Oeffentlichkeit und Mündlichkeit, sowie durch die Vorschrift, daß die Urtheile von sämmtlichen Richtern unterschrieben werden müssen, für eine genügende Kenntlichmachung der Richter gesorgt. Soweit aber bei Beschlüssen (z. B. Arrestbefehlen, welche eine Civilkammer erläßt) nur die Unterschrift des Vorsitzenden und eines Beisitzers vorhanden ist, wird man durch das Recht der Acteneinsicht (§ 299 (271) C.P.O., ev. § 432 (397) C.P.O.) zum Ziele gelangen. In Strafsachen steht allerdings nur dem Vertheidiger die Befugniß zu, die Acten einzusehen.

Wenn andere Mittel versagen, wird man die betreffende Behörde für verpflichtet halten müssen, die Namen der betheiligten Mitglieder dem Geschädigten zu nennen, damit dieser seine Rechte verfolgen kann.[1]) Ein Recht, den Namen des Referenten (Berichterstatters) von der Behörde genannt zu verlangen, kann nicht anerkannt werden.

Haffner, S. 70, welcher die Pflicht der Behörde zur Nennung des Namens bestreitet, meint, daß wenn der Geschädigte die betreffenden Beamten nicht ermitteln könne, es nothwendig sei, den Vorsitzenden oder das Mitglied, welche beide durch ihre Unterschrift bekannt seien — zunächst allein zu belangen und es diesen zu überlassen, die Mitschuldigen zu nennen. Führe auch dies zu keinem Resultat, so wären, falls sich Kläger an dem Vorsitzenden oder dem Mitgliede allein nicht erholen könne, sämmtliche zur Zeit der verpflichtenden Handlung dem betreffenden Gericht bezw. der betreffenden Abtheilung desselben Angehörende zu verklagen und die Klage dann gegen diejenigen fallen zu lassen, deren Nichtbetheiligung sich bei der weiteren Verhandlung herausstelle.

Ein umständlicher und kostspieliger Weg!

Kennt nun auch der Geschädigte die Namen der mitwirkenden Mitglieder, so weiß er doch nicht, welche derselben für und welche gegen den Beschluß gestimmt haben.

Wird die Klage gegen ein Mitglied erhoben, so muß sie, falls dasselbe geltend macht, daß es nicht mitschuldig ist, abgewiesen werden. Daß der Kläger mit den Kosten belastet werden muß, folgt aus dem Gesetze, entspricht aber nicht der Billigkeit.

Es bleibt deshalb nichts anderes übrig, als daß der Syndikatskläger **vor** Erhebung der Klage jedes Mitglied auffordert, den entstandenen Schadensersatz zu bezahlen. Macht der betreffende Be-

[1]) § 89 Einl. z. A.L.R.

amte geltend, daß er gegen den Beschluß gestimmt habe,[1]) so wird von der Erhebung der Klage Abstand genommen werden müssen, widrigenfalls sich Kläger über die Belastung mit den Kosten nicht beschweren kann, wenn im Prozeß die Wahrheit der Schutzbehauptung des Beamten bewiesen wird. Beantwortet der Beamte die Aufforderung des Geschädigten nicht, so wird er mit den Kosten auch dann belastet werden müssen, wenn er gegen den Beschluß gestimmt hat, denn er hat dem Kläger Veranlassung zur Klage gegeben.[2])

Nöldeke, S. 814 behauptet, daß keine Präsumtion dafür spreche, alle Mitglieder hätten sich an der Pflichtverletzung betheiligt, es daher nicht Sache des Beamten sei, seine Nichtbetheiligung an der schädigenden Amtshandlung nachzuweisen, Kläger also den Beweis des Verschuldens in vollem Umfange zu erbringen müsse, wobei er sich in den meisten Fällen der Eideszuschiebung bedienen werde. Eine Präsumtion spreche lediglich dafür, daß eine Mehrheit des Kollegiums den Beschluß gefaßt habe, nicht aber, daß dies von sämmtlichen Mitgliedern geschehen sei. Dieser Ansicht kann nicht beigepflichtet werden, Haffner S. 71 und Geser, S. 136 betonen zutreffend, daß die Nichtbetheiligung einredeweise geltend gemacht werden müsse.[3])

Hat ein Mitglied vorsätzlich, ein anderes nur fahrlässig gehandelt, so kann nur das letztere, nicht auch das erstere gemäß § 839 Abs. 1 Satz 2 auf subsidiäre Haftung sich berufen.

Nach § 840 B.G.B. haften die schuldigen Mitglieder solidarisch, gleichgültig, ob dem einen Vorsatz, dem anderen nur Fahrlässigkeit zur Last fällt. Dasjenige Mitglied, welches den gesammten Schadensersatz bezahlt hat, kann gemäß § 426 B.G.B. gegen die mitschuldigen Regreß nehmen und zwar auch dann, abweichend vom Allg. preuß. Landrecht, wenn es vorsätzlich gehandelt hat. Die schuldigen Mitglieder sind zu gleichen Theilen verpflichtet, gleichgültig ob dem einen Vorsatz, dem anderen nur ein Versehen zur Last fällt.[4]) Auch die nicht rechtsgelehrten Mitglieder eines Kollegiums haften in Konkurrenz mit rechtsgelehrten (vgl.

---

[1]) Hierzu wird er befugt sein, wenn er auch der Regel nach über Berathung und Abstimmung Amtsverschwiegenheit beobachten muß.

[2]) Näheres über die Syndikatsklage findet sich im § 31.

[3]) Es empfiehlt sich für den überstimmten Beamten ein Separatvotum zu den betreffenden Acten oder zu den Generalacten zu geben, um sich den Beweis für die Zukunft zu sichern.

[4]) Dies mag eine Härte sein. Unrichtig wäre die Ansicht, daß diejenigen Mitglieder, welchen nur Fahrlässigkeit zur Last fällt, den Geschädigten auf Grund des auch hier maßgebenden § 839 B.G.B. zunächst an diejenigen Mitglieder verweisen können, welchen Vorsatz zur Last fällt.

z. B. in den Kammern für Handelsachen[1])), soweit es sich nicht um eine reine Rechtsfrage handelte und es dem ersteren nicht zugemuthet werden konnte, sich über deren Bedeutung — etwa durch Befragung der rechtsgelehrten Mitglieder — klar zu werden. Es kann hier nämlich von einem Verschulden nicht die Rede sein.

Art. 5 des Württemb. Entwurfs vom Jahre 1833 bestimmte:[2]) „Hinsichtlich der durch unrichtige Rechtsausführungen des Referenten veranlaßten Beschlüsse können die nicht rechtsgelehrten Mitglieder nicht in Anspruch genommen werden.“

II. Haftung mehrerer Beamten und eines Beamten im Verein mit einem Nichtbeamten.

a) Hat außer dem Beamten ein Anderer, sei es ein Beamter oder ein Nichtbeamter, an der schadenstiftenden Handlung (Unterlassung) theilgenommen, so tritt gemäß § 840 B.G.B. ebenfalls solidarische Haftbarkeit ein.[3]) Indeß muß daran festgehalten werden, daß bei *Fahrlässigkeit* der Beamte nur subsidiär gemäß § 839 B.G.B. haftet, also wenn von dem Nichtbeamten Schadensersatz nicht zu erlangen ist. Bezüglich des Regresses kommt die Vorschrift des § 426 B.G.B. zur Anwendung.

b) Eine Spezialbestimmung enthält § 841 B.G.B.:

„Ist ein Beamter, der vermöge seiner Amtspflicht einen Anderen zur Geschäftsführung für einen Dritten zu bestellen, oder eine solche Geschäftsführung zu beaufsichtigen, oder durch Genehmigung von Rechtsgeschäften bei ihr mitzuwirken hat, wegen Verletzung dieser Pflichten neben dem Anderen für den von diesem verursachten Schaden verantwortlich, so ist in ihrem Verhältnisse zu einander der Andere allein verpflichtet.“

Der § trifft vorzugsweise den Vormundschafts-, Konkurs-, Zwangsverwaltungsrichter.

Der Vormundschaftsrichter z. B. haftet mit dem Vormund solidarisch, wenn er denselben nicht gehörig beaufsichtigt, oder eine ungeeignete Person zum Vormunde bestellt hat. Dies trifft aber nur zu, wenn der Beamte sich einer vorsätzlichen Pflichtverletzung schuldig macht. Bei fahrlässiger Pflichtverletzung des Beamten greift die Vorschrift des § 839 durch, welche ausdrücklich besagt, daß bei

---

[1]) §§ 109 ff. G.V.G.

[2]) Vergl. Haffner, S. 25.

[3]) Artikel 6 des württemberg. Entw. von 1883 (Haffner, S. 85) bestimmte: „Wurde das Erkenntniß durch unrichtige Aufnahme mündlicher Verhandlungen veranlaßt, so ist der *Actuar* des Gerichts als solcher der Partei mit verantwortlich.

Dasselbe findet statt, wenn er ihr durch unrichtige Besorgung der Ausfertigungen einen Schaden verursacht hat.“

Vergl. auch § 11 unter a. (Verletzung der Aufsichtspflicht).

Fahrlässigkeit keine Haftung des Beamten mit dem Andern neben einander, sondern daß eine solche nach einander besteht.[1])

Alles dies gilt aber nur gegenüber dem geschädigten Dritten. Im Verhältniß der beiden Schadenstifter untereinander haftet aber nicht der Beamte, sondern der andere allein. Dies ist aus Billigkeitsrücksichten bestimmt, denn nach den allgemeinen Vorschriften des § 426 B.G.B. würden auch beide im Verhältniß zu einander zu gleichen Theilen verpflichtet sein.

Der Beamte hat auch dann, wenn er vorsätzlich gehandelt hat, das Regreßrecht gegen den anderen Schadenstifter.

Der II. Entwurf hatte für den Fall des § 841 dem Beamten noch einen weiteren Schutz verliehen. Er hatte eine Haftpflicht hinsichtlich des Schadens, dessen Entstehung außerhalb des Bereichs der Wahrscheinlichkeit lag, oder nach den Umständen, welche der Beamte kannte oder kennen mußte, als außerhalb dieses Bereichs liegend angesehen werden durfte, ausgeschlossen. Der Reichstag[2]) hat jedoch diese Bestimmung mit Rücksicht auf die von ihm vorgenommene Aenderung des § 254 B.G.B. wieder gestrichen.

Kapitel IV. Die Schadenfrage.

§. 15

Verursachung des Schadens (Kausalzusammenhang).

Es ist nicht möglich in allgemein zutreffender Weise von vornherein zu bestimmen, was in jedem einzelnen Falle zur Herstellung des Kausalzusammenhanges erforderlich ist, in welchem Maße eingetretener Schade und widerrechtliche Handlung im Verhältniß von Ursache und Wirkung unter sich stehen, das eine als die mehr oder weniger nothwendige oder auch bloß zufällige Folge und Entwicklung des Anderen sich darstellen muß. Immerhin darf gefordert werden, daß die betreffenden Thatsachen in einem solchen nahen, äußeren Zusammenhange zu einander stehen sollen, daß dem natürlichen und gewöhnlichen Laufe der Dinge zufolge angenommen werden kann, die eine sei aus der anderen hervorgegangen.[3]) Es ist nicht nothwendig, daß der Zusammenhang ein unmittelbarer ist. Es genügt, daß die schuldhafte Handlung oder Unterlassung erst durch das Dazwischentreten anderer Ereignisse den fraglichen Schaden

---

[1]) Nöldeke, S. 827 und Hachenburg, Das B.G.B. für das Deutsche Reich, S. 164.

[2]) Komm.-Ber. S. 64 und Stenograph. Ber. S. 2855 ff.

[3]) Geser, S. 104.

verursachte. Dies kann jedoch nicht ins Grenzenlose gehen. Erscheint nach der Anschauung des Lebens die Verschuldung nicht mehr als die Ursache, sondern nur als entfernte Veranlassung der Beschädigung, so besteht eine Haftung für letztere nicht mehr.

Weist ein Beamter nach, daß der Schaden auch bei Beobachtung der verletzten Gesetzesvorschrift entstanden und die Beobachtung derselben unter den konkreten Umständen in Wahrheit nur als eine überflüssige Formalität sich erwiesen hatte, so ist er nicht haftbar.[1])

Die bei Schadensersatzklagen häufig vorkommende Behauptung, der Kläger würde ohne die unrichtige amtliche Bescheinigung das Rechtsgeschäft nicht abgeschlossen haben, ist nur dann zu beachten, wenn bestimmte Thatsachen vorliegen, aus welchen darauf, was unter anderen Umständen geschehen sein würde, mit Wahrscheinlichkeit geschlossen werden kann.[2])

Bei Unterlassungen eines Beamten genügt der Beschädigte seiner Beweispflicht rücksichtlich des Kausalzusammenhanges, wenn er einerseits den Eintritt der Schädigung und andererseits die Vernachlässigung der gesetzlich zu deren Verhütung vorgeschriebenen Vorsichtsmaßregeln nachweist. Einen besonderen Nachweis, daß die gesetzlichen Vorsichtsmaßregeln auch thatsächlich ausgereicht d. h. wenn getroffen, den Eintritt des Schadens abgewendet hätten, braucht er nicht zu erbringen, dies ist ohne Weiteres anzunehmen. Es ist Sache des Beamten nachzuweisen, daß ein Kausalzusammenhang zwischen seiner Unterlassungshandlung, welche an sich geeignet war, den eingetretenen Schaden herbeizuführen, und dem wirklichen Eintritte des Schadens nicht besteht.

§ 16.

Konkurrirendes Verschulden des Beschädigten.

a) Das Allg. Landrecht bestimmt in den §§ 18 ff. I, 6:

„Von der Vergütung eines aus Vorsatz oder grobem Versehen zugefügten unmittelbaren Schadens wird der Beleidiger durch die miteintretende Verschuldung des Beschädigten nicht befreit." (§ 18.)

„Hingegen darf der mittelbare Schade und der entgangene Gewinn nicht ersetzt werden, wenn der Betheiligte bei der Abwendung desselben sich selbst ein grobes Versehen hat zu Schulden kommen lassen." (§ 19.)

„Ein dergleichen eigenes grobes Verschulden des Beschädigten macht denselben aller Schadloshaltung verlustig, wenn der Schade nur aus einem mäßigen oder geringen Versehen des Beschädigers entstanden ist." (§ 20.)

---

[1]) R.G. E. 33, 212.
[2]) Seuffert's Archiv V Nr. 287; XV 189 und 208.

„Der Ersatz des aus mäßigem oder geringem Versehen entstandenen mittelbaren Schadens und entzogenen Gewinns fällt schon alsdann weg, wenn der Beschädigte den Nachtheil durch Anwendung der gewöhnlichen Aufmerksamkeit vermeiden konnte." (§ 21.)

b) Reichsrecht.

Da, soweit nicht besondere Bestimmungen getroffen sind, auch beim Amtsdelict die allgemeinen Bestimmungen des B.G.B. über Verpflichtung zum Schadensersatz Platz greifen, so gilt dies ebenfalls von der Vorschrift des § 254 über die konkurrirende culpa des Beschädigten.

Der § 254 lautet:

„Hat bei der Entstehung des Schadens ein Verschulden des Beschädigten mitgewirkt, so hängt die Verpflichtung zum Ersatz sowie der Umfang des zu leistenden Ersatzes von den Umständen, insbesondere davon ab, inwieweit der Schaden vorwiegend von dem einen oder dem anderen Theile verursacht worden ist.

Dies gilt auch dann, wenn sich das Verschulden des Beschädigten darauf beschränkt, daß er unterlassen hat, dem Schuldner auf die Gefahr eines ungewöhnlich hohen Schadens aufmerksam zu machen, die der Schuldner weder kannte, noch kennen mußte, oder daß er unterlassen hat, den Schaden abzuwenden oder zu mindern. Die Vorschrift des § 278 findet entsprechende Anwendung."

Der Beamte kann sich also auf das konkurrirende Verschulden des Beschädigten berufen und es muß dann festgestellt werden, auf welcher Seite das überwiegende Verschulden liegt.

Hierbei ist hervorzuheben, daß gesetzliche Vermuthungen für den Kausalzusammenhang zwischen der Handlung des Beamten und dem schädlichen Erfolge, wie sie z. B. das Allg. Landrecht in den §§ 24—26 I, 6 A.L.R. aufstellte, dem B.G.B. unbekannt sind.

Indeß werden die vorher oben unter a mitgetheilten Bestimmungen des A.L.R. §§ 18 ff. I, 6 auch jetzt noch brauchbare Anhaltspunkte gewähren.

Stand die Abwendung des Schadens noch in der Macht der Betheiligten, so wird man die Nichtausübung ihm mit Recht zum Vorwurf machen. Man denke z. B. die dritte Person, welche in erster Linie für den Schaden haftet, gerät in eine zusehende Verschlechterung ihrer Vermögenslage und der Gläubiger thut nichts, um sich zu sichern, oder der Geschädigte läßt seinen Anspruch gegen den Prinzipalverpflichteten, von dem er Ersatz erlangen konnte, verjähren.

Nur in einem Falle schafft das B.G.B. an Stelle der relativen Norm des § 254 eine absolute Norm.

---

[1]) Wegen der Grade des Versehens siehe § 13; wegen des Umfang des Schadens §§ 2 ff. I, 6 A.L.R.

Sowohl bei vorsätzlicher wie auch bei fahrlässiger Verletzung der Amtspflicht tritt eine Ersatzpflicht des Beamten nicht ein, wenn der Verletzte vorsätzlich oder fahrlässig es unterlassen hat, den Schaden durch Gebrauch eines Rechtsmittels abzuwenden (§ 839 Abs. 3 B.G.B.).[1])

Während an sich zu prüfen wäre, inwieweit das in der Nichteinlegung eines Rechtsmittels liegende Verschulden stärker ist als dasjenige des Beamten, schließt § 839 Abs. 3 B.G.B. diese Prüfung aus. Der Gesetzgeber erklärt das Verschulden desjenigen, welcher vorsätzlich oder fahrlässig unterlassen hat, ein Rechtsmittel einzulegen, für so stark, daß die Ersatzpflicht unter allen Umständen ganz beseitigt wird, auch wenn das Verschulden des Beamten größer ist, als dasjenige des Beschädigten. Festzuhalten ist aber unter allen Umständen, daß die Unterlassung der Einlegung eines Rechtsmittels auf einem Verschulden des Verletzten beruhen muß.

Es versteht sich von selbst, daß die Einlegung eines Rechtsmittels überhaupt zulässig sein muß.

Ist die Entscheidung des Beamten unanfechtbar, so kann von einem Verschulden keine Rede sein. Die Einlegung des Rechtsmittels muß auch in der Macht des Beschädigten liegen.

Ist der Verletzte nicht in der Lage, die Kosten des Prozesses zu bezahlen, so muß er um Bewilligung des Armenrechts für die höhere Instanz bitten. Sollte ihm dasselbe abgeschlagen werden, so liegt darin keine unverschuldete Unterlassung der Einlegung eines Rechtsmittels. Indeß wird man verlangen müssen, daß der Verletzte gegen die Versagung des Armenrechts die gesetzlichen Rechtsmittel (Beschwerde) einlegt.[2]) Andernfalls wird der Beamte mit Erfolg den Einwand entgegensetzen, daß der Verletzte es fahrlässig unterlassen habe, durch den Gebrauch des Rechtsmittels den Schaden abzuwenden. Ein Verschulden liegt vor, wenn man von einem sorgsamen Menschen die Einlegung des Rechtsmittels erwarten und verlangen konnte.

Nähere Regeln darüber lassen sich nicht aufstellen. Es richtet sich dies nach den individuellen Umständen.

Von wesentlicher Bedeutung wird sein, ob der amtliche rechtswidrige Act mit Entscheidungsgründen versehen war, sodaß der Beschädigte dieselben prüfen konnte.[3])

Meistens wird es dem Geschädigten zum Vorwurfe gereichen, wenn er es unterlassen hat, den Inhalt der amtlichen Verfügung

---

[1]) Nach der Regierungsvorlage sollte jede Unterlassung der Einlegung eines Rechtsmittel die Ersatzpflicht ausschließen. Erst der Reichstag hat die Worte: „vorsätzlich oder fahrlässig" dem Gesetze eingefügt.

[2]) Nöldeke, S. 815.

[3]) Klewitz, S. 48.

(Urtheil u. s. w.), soweit ihm dazu Gelegenheit geboten ist, einer näheren Prüfung zu unterziehen, und in folgedessen Verstöße in rechtlicher oder thatsächlicher Hinsicht nicht zu seiner Kenntniß gelangt sind, die ihm begründete Veranlassung zur Beschreitung des Rechtsmittelweges hätten geben müssen. Bei nicht ganz einfachen Sachen wird man verlangen können, daß der Beschädigte sich eines rechtsverständigen Beiraths bedient, behufs Prüfung des Rechtspunktes, bezw. der Frage, ob ein Rechtsmittel einzulegen ist.

Eine andere Ansicht will an die unterbliebene Einlegung von Rechtsmitteln gegen eine unrichtige richterliche Sentenz unter allen Umständen den Verlust der Regreßklage knüpfen. So meint Weber, S. 39, eine Partei, welche die Ergreifung eines Rechtsmittels unterlasse, genehmige den Richterspruch, welcher eigentlich nur ein Vergleichsvorschlag sei, und würde eine solche mit sich selbst in Widerspruch treten, wenn sie denselben Richterspruch später trotzdem angreifen wollte. Zutreffend bemerkt Klewitz, S. 49, daß diese Argumentation offenbar auf Fictionen beruhe, da weder dem noch anfechtbarem Urtheile als solchem die Bedeutung eines Vergleichsvorschlages zukomme noch die Passivität des Verletzten schlechthin die Deutung zulasse, der letztere genehmige den Richterspruch. Der Nichtgebrauch von Rechtsmitteln wird vielmehr nicht selten auf Gründe ganz anderer Art zurückzuführen sein.[1]) Hieraus ergiebt sich, daß auch die Ansicht Windscheid's (Pandecten Anm. 1 zu § 470) wenn auch der Regel nach, aber nicht stets zutrifft, wenn derselbe in dem freiwilligen Nichtgebrauch von Rechtsmitteln — im Gegensatz zum bloßen Versäumen — allgemein ein Urtheilsanerkenntniß im Sinne des obligirenden Momentes für die Regreßklage erblickt.

Andererseits ist die Behauptung aufgestellt,[2]) es könne niemandem ein Vorwurf daraus gemacht werden, daß er einem Richterspruch gemäß handele. Dieser Standpunkt ist in seiner Allgemeinheit nicht zu rechtfertigen. Enthält der Richterspruch eine Ungerechtigkeit und ist nach Lage der Sache anzunehmen, daß die hiervon betroffene Partei sich des rechtsverletzenden Momentes in dem Urtheil bewußt geworden ist, oder desselben bei sachgemäßer Prüfung hätte werden müssen, so trifft im Gegentheil den Beschädigten der Vorwurf eines durchaus unentschuldbaren Verhaltens, wenn er es unterlassen hat, die Rechtswidrigkeit mit Rechtsmitteln aus der Welt zu schaffen.[3])

Der Richter ist kein unfehlbarer Mensch und die Partei von der Prüfungspflicht seiner Amtshandlungen zu entbinden, hieße eine Prämie auf die Sorglosigkeit Privater setzen in Verhältnissen, wo dieselbe am wenigsten am Platze ist.

---

[1]) Vergl. Haffner, S. 66.
[2]) Sintenis, Pandecten Bd. 2, Anm. 38 B zu § 125.
[3]) Klewitz, S. 48.

Wie steht es aber, wenn eine inkorrekte Entscheidung des Gerichts vorliegt. Das Gericht erläßt z. B. eine Entscheidung, die es selbst für ein nach § 303 (275) C.P.O. unanfechtbares Zwischenurtheil über ein selbstständiges Angriffsmittel erklärt, während sie sich nach der Ansicht der oberen Instanz als ein anfechtbares Theilurtheil darstellt. Endemann, S. 917 Anm. 5 sagt: „Wenn hier nun die Partei auf die Rechtskenntniß des entscheidenden Richters vertraut und kein Rechtsmittel (oder in einem anderen Falle ein unrichtiges) einlegt, soll dann der Nachtheil sie treffen und die Entscheidung der Nachprüfung der höheren Instanz entzogen sein.“ Nach Mittheilung von Endemann soll das Reichsgericht dies bejahen. Er selbst meint, daß für die Partei die thatsächlich erlassene Entscheidung maßgebend sein müsse, wie sie nach dem Willen des Gerichts zu erkennbarem Ausdrucke gelangt sei;[1]) denn derjenige handele nicht fahrlässig, welcher sich der Autorität des erkennenden Gerichts beuge. Die Geltendmachung des Schadensersatzanspruches dürfe nicht dadurch ins Ungewisse gestellt werden, daß dem Geschädigten die Gefahr einer inkorrecten Handhabung der Prozeßnormen durch den Instanzrichter aufgebürdet werde.

Endemann S. 917 Anm. 5 meint, daß der § 839 Abs. 3 B.G.B. auch nicht den Sinn haben könne, daß die Partei jeden Prozeß durch alle erdenklichen Instanzen durchtreiben und bei jeder Entscheidung sämmtliche Rechtsmittel einlegen müßte, die für jede eventuell mögliche Auffassung der Rechtsnatur der Entscheidung passend sein könnten. Das Maß des practisch Vernünftigen muß auch hier entscheiden. Dem ist beizutreten.[2])

Der Grundsatz, daß die Nichtanwendung der möglichen Rechtsmittel seitens des Verletzten als Mitursache des Schadens zu betrachten ist, erleidet dann eine Einschränkung, wenn der spätere, reformirende, amtliche Act, wodurch die erstere rechtswidrige Entscheidung aufgehoben wird, praktisch nicht zu realisiren wäre.[3]) Als weitere Einschränkungen wollen Klewitz S. 43 und Geser S. 113 gelten lassen, daß dem Geschädigten nicht zugemuthet werden könne, ein Rechtsmittel einzulegen, welches ihm unverhältnißmäßige Opfer an Geld und Zeit auferlegen würde, sowie wo die Rechtswidrigkeit des anfechtbaren amtlichen Actes Nachtheile zur Folge haben sollte, deren Fortexistenz unabhängig von dem weiteren Erfolg der Sache wäre. Würde z. B. die vorläufige Zahlung die Entgehung eines Gewinnes nach sich ziehen, den der Exequendus durch Spekulationen mit dem gezahlten Gelde nachweisbar hätte machen können, so

---

[1]) Gl. Ans. Gaupp-Stein, C.P.O. 3. Aufl. Bd. II, S. 2 ff.

[2]) Vergl. auch § 19.

[3]) Z. B. das in erster Instanz dem Gegner zugesprochene und in dessen Besitz befindliche Object geht zufällig unter. Vergl. Haffner, S. 69 Anm.

könnte natürlich in Rücksicht hierauf das abändernde Erkenntniß der höheren Instanz keine Abhilfe schaffen.

Der Ausdruck „Rechtsmittel" ist im weitesten Sinne zu nehmen, es sind darunter nicht nur die als ordentliche Rechtsmittel bezeichneten Rechtsbehelfe oder diejenigen, welche die Prozeßordnungen Rechtsmittel nennen, sondern überhaupt alle Rechtsbehelfe, auf dem Gebiete der freiwilligen oder streitigen Gerichtsbarkeit und des Verwaltungsrechts, selbst die Aufsichtsbeschwerde d. h. die Beschwerde bei der vorgesetzten Behörde des Beamten, sofern diese berechtigt ist, die schädigende Amtshandlung[1]) zu beseitigen oder zu korrigiren, zu verstehen. Mit Recht betont Nöldeke S. 815, daß auch die Nichtigkeits- und Restitutionsklage (§§ 578 ff. (507 ff.) C.P.O.) unter diesen Begriff fallen, unzutreffenderweise zählt Oertmann, Recht der Schuldverhältnisse S. 577, die Wiederaufnahme des Verfahrens im Strafprozesse (§§ 399 ff. St.P.O.) nicht zu den Rechtsmitteln im Sinne des § 839 Abs. 3 B.G.B.

Auch die Angehung des Beamten, welcher die schädigende Amtshandlung begangen hat, in Form einer mündlichen oder schriftlichen Remonstration wird zu den Rechtsmitteln im Sinne des § 839 B.G.B. zu zählen sein.

Solche Benachtheiligungen, welche durch rechtswidrige Unterlassungen, Verstöße gegen die gesetzliche Form z. B. bei letztwilligen Verfügungen, Unrichtigkeiten bei der Aufnahme von Protokollen, der Ertheilung von Zeugnissen u. dgl. entstehen können, wird der Betheiligte, sobald er von der Versäumniß, dem Formfehler u. s. w. Kenntniß erhielt, durch eine Eingabe bei den betr. Beamten unschädlich machen müssen.

Ist z. B. bei einem Konkursverfahren die Prüfung einer angemeldeten Forderung unterblieben und unterläßt es der hiervon betroffene Gläubiger, trotz rechtzeitiger Kenntniß von dem Versehen die nachträgliche Prüfung seiner Forderung zu veranlassen, so hat er es sich selbst zuzuschreiben, wenn er bei der Vertheilung der Masse nicht mitberücksichtigt wird. Unter den richterlichen Zeugnissen nimmt der Erbschein einen besonderen Platz ein. Es handelt sich hier nicht um ein Attest gewöhnlicher Art, die Wiedergabe urkundlicher Thatsachen, bei denen ein Fehler meistens in einer Nachlässigkeit des Beamten seinen Grund haben wird, sondern um einen Act, welcher eine thatsächliche und rechtliche Beurtheilung voraussetzt, zu deren Ermöglichung die Betheiligten dem Richter das nöthige Material unterbreiten müssen. Ist dieses unvollständig, so werden an einem Fehler des Erbscheins die Interessenten unter Umständen auch die Schuld tragen.[2])

---

[1]) Endemann, S. 916.
[2]) Klewitz, S .50.

§ 17.

Der Schaden insbesondere.

Eine wesentliche Voraussetzung civilrechtlicher Ersatzpflicht der Beamten ist, daß durch seine Amtspflichtverletzung dem Staate oder einem Privaten ein Schaden verursacht und daß derselbe bereits eingetreten ist. Der Eintritt des Schadens muß zur juristischen Gewißheit geworden sein und nicht nur im Lichte einer zukünftigen Möglichkeit erscheinen. Letzteres ist der Fall, wenn und solange ein gefahrdrohendes Ereigniß auf die Vermögenssphäre der bedrohten Person noch keinerlei actuelle Einwirkung geäußert hat.[1]) Ein Hypothekengläubiger, welcher in Folge Versehens eines Richters eine schlechtere Priorität erhält, kann den Richter erst in Anspruch nehmen, wenn er in der eingeleiteten Zwangsvollstreckung einen Ausfall erlitt, den er sonst nicht gehabt hätte, und wenn er ferner den persönlich verpflichteten Schuldner vergeblich in Anspruch genommen hat. Von dem endgültigen Eintritt eines Vermögensnachtheils kann aber auch noch nicht die Rede sein, wenn eine solche actuelle Einwirkung zwar schon in ersichtlicher Weise stattgefunden hat, jedoch dem Betroffenen noch Mittel und Wege zu Gebote stehen, den rechtswidrigen Zustand zu beseitigen und so den Schaden von sich abzuwenden.

Ist dagegen das ungerechte Urtheil rechtskräftig geworden, für den ungesetzlichen Beschluß oder Verfügung die Beschwerdefrist abgelaufen oder entbehrt die Amtshandlung überhaupt der Anfechtungsmöglichkeit, so ist damit die Rechtswidrigkeit zu einer regelmäßig[2]) unumstößlichen Thatsache geworden.

Unrichtig ist die Ansicht von Weber S. 35 und Löning S. 124, daß erst durch die Vollstreckung der rechtswidrigen Entscheidung ein Schade verursacht werden könne. Das Vermögen einer Partei ist schon dadurch geschädigt, daß der Gegner einen vollstreckbaren Titel gegen sie erhält.[3])

§ 18.

Umfang des Schadensersatzes.

Nach gemeinem Recht haftet der Beamte, wie jeder Private, für das volle Interesse.

---

[1]) Der Verlust eines Sicherungsmittels z. B. des Pfandrechts bedeutet nicht nothwendig auch den Eintritt eines Schadens. Nur dann trifft dies zu, wenn ohne dasselbe der Anspruch nicht oder nicht vollständig zu realisieren wäre.

[2]) Ausnahmen sind die Fälle, in denen die Voraussetzungen für eine Richtigkeits- oder Restitutionsklage im Civilprozeß oder für ein Wiederaufnahmeverfahren im Strafverfahren vorliegen.

[3]) Haffner, S. 65; Geser, S. 118.

Das preußische Allg. Landrecht (I, 6 §§ 10 ff.) vergütet nur bei Vorsatz und grobem Versehen das volle Interesse, bei mäßigem den wirklichen — unmittelbaren und mittelbaren Schaden — bei geringem Versehen nur den unmittelbaren Schaden.[1])

Das B.G.B. trifft über den Umfang des zu ersetzenden Schadens in den §§ 249 ff. nähere Bestimmungen.

Grundsätzlich besteht die Verpflichtung der Beamten darin, den Schaden in Natur zu ersetzen durch Herstellung des Zustandes, welcher bestehen würde, wenn der zum Ersatz verpflichtende Umstand nicht eingetreten wäre (§ 249 B.G.B.). Wenn also durch Verschulden eines Beamten ein Recht verloren geht, so geht die Ersatzverbindlichkeit in erster Linie darauf, den Verletzten das verlorene Recht wiederzuschaffen. Ist dies nicht möglich, so löst sich der Anspruch in eine Geldforderung auf.

Das B.G.B. verwirft den Standpunkt des preuß. Landrechts und geht von dem Grundsatze aus, daß die Verpflichtung zum Schadensersatz umfaßt die Leistung des gesammten Interesses, also sowohl die erlittene Vermögensbuße, wie den entgangenen Gewinn.[2]) Diese Ersatzpflicht tritt ein ohne Rücksicht darauf, ob der Schaden unmittelbar oder mittelbar durch die schädigende Handlung oder Unterlassung verursacht worden ist und ob der Ersatzpflichtige die Folgen seines Verhaltens voraussehen konnte oder nicht. Als entgangen gilt nach dem B.G.B. in Uebereinstimmung mit dem Allg. Landrecht der Gewinn, der nach dem gewöhnlichen Laufe der Dinge oder nach den besonderen Umständen, insbesondere nach den getroffenen Anstalten und Vorkehrungen, mit Wahrscheinlichkeit erwartet werden konnte. (§ 252 Abs. 2 B.G.B.).

Ueber die compensatio damni cum lucro enthält das B.G.B. keine besonderen Bestimmungen; ihre Zulässigkeit ist nach der konkreten Sachlage zu beurtheilen.[3])

Im Allgemeinen ist nur der Vermögensschaden zu erstatten (§ 253 B.G.B.). Im Falle der Verletzung des Körpers oder der Gesundheit, sowie im Falle der Freiheitsentziehung kann jedoch der Verletzte auch wegen des Schadens, der nicht Vermögensschaden ist, eine billige Entschädigung in Geld verlangen (§ 847 B.G.B.). Ein Gensdarm macht unberechtigterweise von seiner Waffe Gebrauch und verletzt Jemandem, oder ein Schutzmann sistirt unter Nichtbeachtung seiner Instruction ein anständiges Mädchen, die er für eine Prostituirte hält, zur Wache..

---

[1]) Vergl. wegen der Grade des Versehens oben § 13; wegen des Umfanges des Schadens §§ 2 ff. I 6 A.L.R.

[2]) Auch die Kosten des Vorprozesses gehören hierher, falls in der Anstrengung desselben kein Verschulden liegt.

[3]) R.G. E. 10, 50; 13, 264; Seuff. Archiv 34, Nr. 23 und 245; 47, Nr. 99.

§ 19.

Subsidiarität des Ersatzanspruches.

Bei vorsätzlicher Amtspflichtverletzung haftet der Beamte dem Geschädigten unmittelbar. Fällt dem Beamten lediglich eine Fahrlässigkeit zur Last, so haftet er nur, wenn der Geschädigte nicht auf andere Weise Ersatz zu erlangen vermag, oder wie das preuß. Allg. Landrecht (II, 10 § 91) es ausdrückt, kein anderes gesetzmäßiges Mittel, wodurch den nachtheiligen Folgen eines solchen Versehens abgeholfen werden könnte, mehr übrig ist. Wird der Schaden aus dem Dispositionsfonds der Regierung gedeckt, so ist die Klage unzulässig. Daß diese Voraussetzung erfüllt sei, muß in den entsprechenden Fällen der Kläger beweisen.[1])

Der Geschädigte hat sich also zunächst an denjenigen zu halten, welcher dolos oder fahrlässig das Versehen des Beamten herbeigeführt hat, oder an denjenigen, welcher durch dasselbe bereichert worden ist.[2]) [3]) Er muß gegen den Prinzipalverpflichteten klagend vorgehen, Zwangsvollstreckung in alles Vermögen (sei es Mobiliar- oder Immobiliarvermögen) betreiben, auch die Leistung des Offenbarungseides verlangen.[4]) Das Gesetz verlangt aber nicht nothwendig das Ausklagen, wenn dasselbe doch nicht zur Befriedigung des Geschädigten führen kann. Der Umstand, daß der zunächst für den Schaden Verhaftete schon früher unpfändbar befunden worden und den Manifestationseid geleistet habe, ist nicht ausreichend,[5]) um sofort die Klage gegen den Beamten zu erheben.

Sind jedoch seit Leistung des Offenbarungseides noch keine fünf Jahre vergangen, so kann derselbe nur verlangt werden, wenn glaub-

---

[1]) Vergl. Oertmann, zu § 839 B.G.B.; and. Ans. Nöldeke, S. 813 und Haffner, S. 74, welche dem Beamten die Einrede der Vorausklage zuweisen. Das Reichsgericht hat bei dem § 91 II, 10 A.L.R. angenommen, daß die Subsidiarität von Amtswegen zu berücksichtigen sei.

[2]) Obertr. 1. Mai 1860, Striethh. Arch. 37, 216. Der Prinzipalverpflichtete kann auch der Staat sein z. B. bei zuviel erhobener Steuer und dergl.

[3]) Z. B. durch unrichtige Aufstellung und Ausführung eines Theilungsplans. Im Grundbuch erfolgt die Eintragung einer Post an unrichtiger Stelle oder die vorzeitige Löschung einer solchen wird vorgenommen und hierdurch der Ausfall des betreffenden Hypothekengläubigers in dem späteren Subhastationsverfahren veranlaßt.

[4]) Solange der Anspruch noch gegen andere Personen verfolgt werden kann, ist die Klage gegen den Beamten unzulässig. (R.G. 24. April 1880, Reichsanz. Nr. 130). Vergl. R.G. 10. Febr. 1898; Jur. Wochenschrift, S. 186 Nr. 82, und den Fall 13 auf S. 63.

[5]) Obertr. 27. Mai 1857, Striethh. Arch. 24. 341.

haft gemacht, daß der Schuldner später Vermögen erworben habe (§ 903 C.P.O.). Dies würde aber der Beamte einwandweise behaupten müssen.

Auch die Anstellung eines Anfechtungsprozesses gehört dann zu den Voraussetzungen der Syndikatsklage, wenn ein bestimmter Anhalt für die Annahme vorliegt, daß die Bedingungen der Anfechtungsklage gegeben seien.[1])

Klewitz S. 41 und Geser S. 113 meinen, daß dem Geschädigten nicht zugemuthet werden könne, zunächst die deckungspflichtige Person zu belangen, wenn dies mit Aufopferungen verbunden wäre, die ganz außer Verhältniß zur Sache ständen z. B. mit großem Aufwand an Zeit und Geld zunächst den Aufenthalt derselben ermittelt werden müßte. Man wird sich aber wohl im Interesse der Beamten für die strengere Auffassung entscheiden müssen.

Der Umstand, daß der Prinzipalberechtigte außerhalb des deutschen Reiches sich aufhält, beseitigt die Subsidiarität der Regreßklage nicht,[2]) es müßte denn sein, daß in dem betreffenden Lande die Klage nach vernünftigem Ermessen nicht durchführbar ist. Erschwerung der Rechtsverfolgung ist dagegen nicht ausreichend.

Ist der zunächst Verpflichtete in Konkurs versunken, so kürzt sich der Ersatzanspruch gegen den Beamten um diejenige Summe, welche der Beschädigte als Konkursrate erhält.

Der Beschädigte hat keineswegs nöthig, den Prozeß gegen den vermeintlich Hauptverpflichteten, wenn er mit seiner Klage aus zureichenden gesetzlichen Gründen in I. Instanz abgewiesen ist, nutzlos noch durch alle zulässigen Instanzen zu verfolgen. Jedenfalls müßte dann doch der Beamte mindestens durch Anführung von Gründen wahrscheinlich machen, daß der Beschädigte bei fernerer Verfolgung seiner Klage eine abändernde günstige Entscheidung erstritten haben würde.[3]) Es hängt also von dem konkreten Fall ab, ob die Einlegung geboten erscheint.

Kann der entstandene Schaden durch einen Act einer Behörde beseitigt werden, so hat der Geschädigte dies zunächst zu beantragen. Nach § 6 des Gerichtskostengesetzes können z. B. die Gerichte Ge-

---

[1]) Vergl R.G. 10. Febr. 1898; Jur. Woch., S. 186 Nr. 82.

[2]) Dies ist schon für das preuß. Recht bezüglich des § 298 I, 14 A.L.R. angenommen (Präjudiz. Sammlung des Obertribunals I, 206 Nr. 1381). Auch die Anwendung der §§ 284 und 285 I, 14 A.L.R. wird vom Obertribunal (Strieth. Arch. 23, 3) verworfen. Ueberhaupt steht der subsidiarisch verpflichtete Beamte zu der prinzipal verpflichteten Partei und zum Beschädigten nicht in dem Verhältniß des Bürgen zum Hauptschuldner und zum Gläubiger (Förster-Eccius II, 512 Anm. 19).

[3]) Obertr. 22. Juni 1857, Strieth. Archiv 25, 236. Vergl. auch Urtheil des Apell.-Gerichts Hamm vom 26. Febr. 1863 in Gruchots Beiträgen Bd. 8 S. 88.

bühren, welche durch eine unrichtige Behandlung der Sache entstanden sind, niederschlagen.

Ist eine prinzipale Verpflichtung nicht vorhanden, weil weder Vorsatz noch Fahrlässigkeit noch eine ungerechtfertigte Bereicherung dritter Personen vorliegt oder ist der Prinzipalverpflichtete nicht erreichbar oder unpfändbar, so verliert die Ersatzpflicht des Beamten ihren subsidiären Character, sie wird eine prinzipale und ausschließliche.[1])

Der Geschädigte wird gut thun, in dem Prozesse gegen den Prinzipalverpflichteten dem Beamten den Streit zu verkünden. Er sichert sich dadurch gegen Einreden des Beamten, welche auf den Prozeß Bezug haben.[2])

§ 20.

Vererbung des Ersatzanspruches.

Der Anspruch des Geschädigten auf Schadensersatz geht ebenso wie die Verpflichtung des Beamten unbeschränkt auf die Erben über.[3]) Ausgenommen ist übrigens der Fall des § 847 B.G.B.

Die active und passive Vererblichkeit galt auch nach preuß. Landrecht.[4]) Das gemeine Recht läßt dagegen die Erben des ersatzpflichtigen Beamten nur soweit haften, als die Erbschaft reicht.[5])

§ 21.

Verjährung desselben.

Nach gemeinem Recht verjährte die Syndikatsklage in 30 Jahren. Das preuß. Landrecht[6]) deckt sich mit dem jetzigen Reichsrecht. Da die gesammte Haftung der Beamten, mag es sich um streitige oder freiwillige Gerichtsbarkeit handeln, nach dem B.G.B. eine delictische Haftung ist, so greift auch die wegen des Schadensersatzanspruches aus unerlaubten Handlungen im § 852 B.G.B. aufgestellte Verjährung bei ihr Platz.

§ 852 Abs. 1 B.G.B. bestimmt:[7])

---

[1]) Obertr., Strieth. Archiv 37, 216.

[2]) Obertr. Entsch. 14, 431.

[3]) Motive zum B.G.B. Bd. 4 S. 1193.

[4]) Vergl. A.L.R. I, 6 § 28; II, 10 § 145

[5]) Vergl. Haffner, S. 72 und Geser, S. 142.

[6]) A.L.R. I, 6 § 54.

[7]) Zu beachten ist, daß nur Kenntniß des Schadens überhaupt, nicht auch der genauen Höhe desselben verlangt wird. Ueber die Fristberechnung und den Lauf der Verjährung gelten im Uebrigen die gewöhnlichen Sätze (§§ 187 ff. und 195 ff. B.G.B.).

„Der Anspruch auf Ersatz des aus einer unerlaubten Handlung entstandenen Schadens verjährt in drei Jahren von dem Zeitpunkt an, in welchem der Verletzte von dem Schaden und der Person des Ersatzpflichtigen Kenntniß erlangt, ohne Rücksicht auf diese Kenntniß in dreißig Jahren von der Begehung der Handlung."

Hat sich der Beamte nur einer Fahrlässigkeit schuldig gemacht, so beginnt die Verjährung erst von dem Zeitpunkte an, wo sich herausgestellt hat, daß der Beschädigte von anderer Seite her Ersatz nicht erlangen kann, sei es, daß der Prinzipalverpflichtete zahlungsunfähig befunden ist, sei es, daß sich herausgestellt hat, daß eine gültige Prinzipalverpflichtung überhaupt nicht existirt.[1]) Die subsidiäre Klage gegen den Beamten findet nicht früher statt und die Verjährung einer nicht gegebenen Klage kann nicht beginnen.[2])

Kapitel V. Haftung besonderer Beamtenkategorien.

§ 22.

Die Grundbuchbeamten.

A. Altes Recht.[3])

a) Der Staat haftete für Arglist und Versehen der Grundbuchbeamten primär im Königreich Sachsen (s. Heyne, Kommentar z. sächs. Hyp.-Ord. II, 42), Mecklenburg-Schwerin und Mecklenburg-Strelitz[4]) (s. Meibom, Hyp.-Recht S. 65); Sachsen-Weimar (Ges. v. 6. Mai 1839 § 355), Sachsen-Altenburg (Ges. v. 13. Oct. 1842 § 141) und Sachsen-Meiningen (Ges. v. 15. Juli 1862 Art. 29).

Für das gemeine Recht behauptet die primäre Haftung ein Erkenntniß der Heidelberger Juristenfakultät v. 1836; Seuffert, Arch. 17, 145.

b) Subsidiäre Haftung des Staates galt in Preußen (s. unter B.) und Baiern (s. Roth, Civilrecht I, 225). In Baden haften nur die Städte subsidiär (Ges. v. 24. Juni 1874, S. 154).

c) Die Haftpflicht war auf die Beamten der Hypothekenbehörde beschränkt in Elsaß-Lothringen (s. Buchelt, Hypoth.-Recht S. 177), in Baden (s. Heinsheimer bei Buchelt, das rheinisch-franz. Hypoth.-Recht S. 119) mit Ausnahme der Städte, und in Württemberg (Pfandgesetz v. 15. April 1825 Art. 223 ff.).

---

[1]) Obertribunalsentsch. in Ullrich's Archiv 13, 320.

[2]) R.G. bei Bolze 1 Nr. 416.

[3]) Siehe die Zusammenstellung bei Löning, S. 130.

[4]) Nach der Hyp.-Ordnung für die ritterschaftl. Hintersassen von 1855, § 52 haftete aber der Staat nur subsidiär.

B. Das frühere preußische Recht,[1]) insbesondere.

§ 29 der Grundbuchordnung vom 5. Mai 1872 (G.S. S. 446 ff.), welche für die ganze Monarchie gilt, bestimmt:

„Die Beamten der Grundbücher haften für jedes Versehen[2]) bei Wahrnehmung ihrer Amtspflichten, soweit für den Beschädigten von anderer Seite her Ersatz nicht zu erlangen ist

Soweit der Beschädigte nicht im Stande ist, Ersatz seines Schadens von dem Grundbuchbeamten zu erhalten, haftet ihm für denselben der Staat."

1) Haftpflicht des Beamten.

Die Beamten müssen das geringste Versehen bei Wahrnehmung ihrer Amtspflichten vertreten. Es ist aber eine Unterscheidung der Aufgaben des Richters nothwendig. Die richterliche Thätigkeit ist zu trennen von der bloß ausführenden. Ueberall da, wo der Grundbuchrichter zu urtheilen hat, z. B. bei Prüfung der Legitimation in Successionsfällen, wird ihn das Privileg des Spruchrichters gewährt.[3])

Es werden nicht Arten des Schadens nach den Grundsätzen des A.L.R. unterschieden, es muß also für mittelbaren und unmittelbaren Schaden[4]) Ersatz, das volle Interesse, die vollständige Genugthuung geleistet werden.[5])

Die Haftpflicht des Beamten ist nur subsidiär. Wesentliche Voraussetzung ist, daß kein anderes gesetzmäßiges Mittel zur Hebung der nachtheiligen Folgen des Versehens übrig ist.[6]) Es sind hier die Ausführungen im § 19 zu vergleichen. Die Klage des Geschädigten gegen den Prinzipalverpflichteten muß im Gerichtsstande des Grundstücks angestellt werden, wenn sie dieses selbst oder ein

---

[1]) Das alte Recht hat noch Bedeutung für die Zeit vom 1. October 1872 bis 31. Dezember 1899. Vergl. im Uebrigen Turnau, Grundbuchordnung Bd. II, S. 535 ff.

[2]) Auch bei dolus.

[3]) Dernburg, Preuß. Privatr. Bd. 2 § 198 Anm. 18; and. Ansicht Förster-Eccius, Preuß. Privatr. Bd. 2 §154 Anm. 33.

[4]) Vergl. § 18 oben.

[5]) Willenbücher, Grundbuchrecht, S. 154 Anm. 4. Turnau, Grundbuchrecht, Bd. II, S. 538 und R.G. in Gruchot's Beiträgen, Bd. 33, S. 1082 meinen dagegen, daß auch in dem Falle, in welchem der Beamte für jedes Versehen, also auch für ein geringes Versehen zu haften habe, eine Untersuchung des Grades des Versehens überall da vorgenommen werden müsse, wo das Maß der Haftung von dem Grade des Versehens abhängt oder die Haftung dessen, der ein Versehen begangen hat, bei dem Vorhandensein einer Verschuldung auch auf Seite des Beschädigten wegfällt. Ist der Schaden nur ein mittelbarer, so kann dessen Ersatz bei einem geringen Versehen des Beschädigers nicht gefordert werden (A.L.R. I, 6 § 10 ff.).

[6]) A.L.R. II, 10 § 91; I, 20 §§ 433—435.

damit in Verbindung stehendes Recht, eine eingetragene Last oder Forderung u. s. w. betrifft (C.P.O. § 26 (25)). Wegen des konkurrirenden Verschuldens des Beschädigten gelten die Grundsätze im § 16 unter b.

Eigenes grobes Verschulden macht den Beschädigten aller Schadloshaltung verlustig, wenn der Schaden nur aus einem mäßigen oder geringen Versehen des Grundbuchbeamten entstanden ist (A.L.R. I, 6 § 20 ff.; Strieth. Arch. 33, 272). Die Grundbuchbeamten haften, falls ihnen beiden ein Versehen zur Last fällt, solidarisch. Der Beamte, welcher den ganzen Ersatz geleistet, kann sich an den mitverhafteten Beamten wegen des auf ihn entfallenden Antheils halten (A.L.R. I, 6 § 33; I, 5 §§ 443—445). Vorsatz schließt aber den Regreß aus (A.L.R. I, 6 § 34).

Der Anspruch der Beamten kann nur im Wege der Klage[1]) verfolgt werden und zwar, weil derselbe rein persönlicher Natur ist, in dem persönlichen Gerichtsstande des Beamten. Zuständig ist ohne Rücksicht auf den Werth des Streitgegenstandes ausschließlich das Landgericht (Ausf.-Ges. z. G.V.G. § 39 [3]).[2])

2) Voraussetzungen der **Haftpflicht des Staates** sind:

a) Ersatzpflicht des Beamten, b) der Beschädigte muß sein Recht gegen den Beamten soweit verfolgt haben, bis erwiesen ist, daß dieser seine Verbindlichkeit zu erfüllen ganz oder zum Theil nicht im Stande ist.

Die Stellung des Staates zu seinen Grundbuchbeamten ist die eines Bürgen zum Hauptschuldner (A.L.R. I, 14 §§ 200, 250). Die allgemeinen Grundsätze über Bürgschaft finden analoge Anwendung.

Ist der Grundbuchbeamte rechtskräftig zum Schadensersatz verurtheilt, so verbleiben dem Staate doch alle Einreden gegen den Beschädigten, sofern dem Staat nicht der Streit verkündet ist (§§ 310, 311, I, 14 A.L.R.[3])).

Die Klage gegen den Staat ist zu erheben.[4])

Hat der Staat für seinen Beamten eintreten müssen, so tritt er, soweit er den Geschädigten befriedigt hat, in alle Rechte desselben gegen den Beamten, ohne daß es dazu einer ausdrücklichen

---

[1]) Diese verjährt nach A.L.R. I, 6 §§ 54, 55 und Deklaration vom 31. März 1838 in drei Jahren von dem Zeitpunkte, in welchem sich herausgestellt hat, daß der Beschädigte von anderer Seite her Ersatz nicht erlangen kann, eventuell in 30 Jahren.

[2]) Näheres siehe in § 31 unter a.

[3]) In Mecklenburg nimmt man an, daß die Landesherrschaft das gegen die Behörde ergangene Urtheil ohne Weiteres gegen sich selbst gelten lassen müsse, was sich nach allgemeinen Grundsätzen nicht rechtfertigen läßt. (Turnau, Grundbuchordnung II, 546.)

[4]) Näheres siehe im § 31 unter a.

Cession bedarf (§ 339 I, 14 A.L.R.). Jetzt ist maßgebend § 774 B.G.B.

C. Das neue Recht.

I. Reichsrecht.

Der § 12 der Reichsgrundbuchordnung vom 24. März 1897 (R.G. Bl. S. 139) bestimmt:

„Verletzt ein Grundbuchbeamter vorsätzlich oder fahrlässig die ihm obliegende Amtspflicht, so trifft den Betheiligten[1]) die im § 839 B.G.B. bestimmte Verantwortlichkeit an Stelle des Beamten den Staat oder die Körperschaft, in deren Diensten der Beamte steht. Das Recht des Staates oder der Körperschaft, von dem Beamten Ersatz zu verlangen, bleibt unberührt."

Nach der Begründung des Gesetzentwurfes ist die directe Haftpflicht des Staates für Versehen des Grundbuchbeamten eingeführt worden wegen des Interesses des Beschädigten, dem die Erlangung des Ersatzes nicht dadurch erschwert werden dürfe, daß er erst zu einer unter Umständen ergebnißlosen Rechtsverfolgung gegen den Beamten genöthigt werde. Andererseits spreche auch die Rücksicht auf die Grundbuchbeamten mit, indem diese nach der Art ihrer Thätigkeit häufiger als andere Beamten in die Lage kämen, sich ersatzpflichtig zu machen.

Im Falle des § 12 a. a. O. ist also eine Klage des Geschädigten gegen den schuldigen Beamten nicht zulässig, vielmehr muß der Staat verklagt werden.

Bezüglich der sachlichen und örtlichen Zuständigkeit für die Klage gelten die Ausführungen im § 31 unter a.

Der Staat haftet aber nur insofern und insolange, als der Beamte selbst nach der Vorschrift der §§ 839 ff. B.G.B. haften würde. Es sind daher die Ausführungen in den §§ 11—28 zu vergleichen.

Festzuhalten ist indeß, daß im § 12 a. a. O. von den dem Grundbuchbeamten obliegenden Amtspflichten spricht, nicht von solchen, welche dem Beamten gegenüber einem Dritten obliegen Nach der Denkschrift zur Grundbuchordnung sollte durch die Fassung des § 12 klargestellt sein, daß im Sinne des § 839 sämmtliche Amtspflichten des Grundbuchbeamten Pflichten sind, die ihm gegenüber einem Dritten obliegen. Aus dieser Abweichung des § 12 vom § 839 erhellt also eine erhebliche Ausdehnung der Ersatzpflicht.

---

[1]) Der Schadensersatzanspruch steht auch Nichtangehörigen des deutschen Reichs zu; dies kann durch Landesgesetz nicht abgeändert werden. Vergl. die Bestimmungen der einzelnen Landesgesetze in § 36.
Das Recht der Retorsion constituirt Art. 31 Einf. Ges. zum B.G.B.

Der Staat haftet also den Betheiligten gegenüber auch für die Verletzung bloßer Ordnungsvorschriften seitens des Beamten, soweit dieselben für die Entstehung des Schadens kausal sind.

Die Streitfrage des preuß. Rechts, ob bei Entscheidung reiner Rechtsfragen der Grundbuchrichter das Privileg des Spruchrichters in Anspruch nehmen darf, fällt jetzt, da das Vorrecht des Spruchrichters auf die streitige Gerichtsbarkeit beschränkt ist.

Nichtbetheiligten gegenüber haftet der Staat nicht. Nöldeke S. 825 sagt: „Hier wird der Grundbuchrichter Dritten gegenüber selbst haftbar, aber lediglich auf Grund des § 839 B.G.B. d. h. wenn er vorsätzlich oder fahrlässig eine ihm dem Dritten gegenüber obliegende Amtspflicht verletzt, ein Fall, welcher in der Praxis sich kaum ereignen wird."

Grundbuchrichter im Sinne des § 12 a. a. O. sind auch die Mitglieder der Beschwerdekammern der Landgerichte und der Beschwerdesenate der Oberlandesgerichte und des Reichsgerichts, da die Haftung des Staates nicht auf einer persönlichen Rücksichtnahme auf die in I. Instanz thätigen Grundbuchbeamten, sondern auf anderen Gründen, wie oben mitgetheilt, beruht. Bei Versehen von Mitgliedern des Reichsgerichts, welche wohl zu den Seltenheiten gehören dürften, haftet das Reich.

Auch die Gerichtsschreiberbeamten der höheren Instanzen sind Grundbuchbeamte.

Das neue Recht des § 12 macht die Unterscheidung nothwendig, ob der Amtsrichter den Schaden als Grundbuchbeamter oder als Richter der freiwilligen Gerichtsbarkeit verursacht hat. Nur im ersteren Falle haftet der Staat, im anderen kommen die allgem. Grundsätze, welche oben im §§ 11 ff. entwickelt sind, zur Anwendung. In der Praxis kommt es häufig vor, daß der Grundbuchrichter auch Acte der freiwilligen Gerichtsbarkeit z. B. Schuldverschreibungen, Kaufverträge u. s. w. aufzunehmen hat. Wenn nun auch auf Grund derselben grundbuchliche Operationen vorgenommen werden, so ist doch nur die letztere Thätigkeit eine „grundbuchamtliche". In Zweifelsfällen wird man sich für das dem Beamten günstigere Recht zu entscheiden haben, sodaß § 12 a. a. O. zur Anwendung kommt.

Aus der früheren preußischen bezw. württembergischen Praxis mögen hier folgende Fälle Erwähnung finden:

1. Die Verfügungen auf die eingehenden Anträge sind vom Richter zu erlassen und vom Grundbuchführer auszuführen. Wenn der Letztere die Verfügung im Auftrage des Richters und nach dessen Anweisungen oder aus Gefälligkeit gegen denselben entwirft, und nach erfolgter Unterzeichnung durch den Richter ausführt, so bleibt der Richter gleichwohl allein verantwortlich. (R.G. im Just.-M.-Bl. 1885, S. 165.)

2. Eine Verpflichtung des Amtsrichters, die von ihm erlassenen Verfügungen in der Art zu überwachen, daß ihm eine mangelhafte Ausführung derselben überall nicht entgehen kann, ist im Gesetze nicht

begründet. Die Verletzung einer bestimmten Amtspflicht und das Vorhandensein einer daraus sich ergebenden Verschuldung, wie sie vorliegen würde, wenn der Amtsrichter bei Vorlegung der Expedition, die der Gerichtsschreiber in Ausführung der Verfügung des Amtsrichters zu entwerfen gehabt, in Folge mangelhafter Prüfung der Expedition übersehen hätte, daß der Entwurf eines Benachrichtigungsschreibens übersehen wäre, ist nicht festgestellt. (R.G. 21. Febr. 1889, Bolze 7 Nr. 277.)

3. Durch die Gegenzeichnung einer Expedition Seitens des Grundbuchrichters bei der Superrevision haftet derselbe nicht bloß für die Uebereinstimmung der Expedition, sondern auch für das Materielle der Verfügung selbst. (Obertr. Strieth. Arch. 48, 293.)

4. Wenn ein Grundeigenthümer, welcher von einem Dritten Löschung der auf sein Grundstück eingetragenen Hypothek fordern darf, dadurch geschädigt ist, daß er mit seiner Klage auf Löschung gegen den Dritten kostenpflichtig abgewiesen ist, weil die Löschung erfolgt ist, ohne daß er die verfügte Nachricht erhalten hat, so ist der Grundbuchführer, welcher das Dekret nicht ausgeführt hat, wegen grober Vrschuldung zur Erstattung der Kosten nebst deren Zinsen verpflichtet. Ein grobes Verschulden des Grundeigenthümers liegt nicht vor, denn er durfte wegen § 121 der Grundbuchordnung annehmen, eine Löschung, von der er keine Nachricht erhielt, sei nicht erfolgt und hatte daher keine Veranlassung, vor Klageerhebung beim Amtsgerichte Erkundigungen darüber einzuziehen, ob nicht die Löschung inzwischen erfolgt sei. (R.G. in Gruchot's Beiträgen 33, 1080.)

5. Das Reichsgericht hat ein doppeltes Versehen darin gefunden, daß der Grundbuchrichter dem Gläubiger, welcher unter Ueberreichung der Eintragungsbewilligung des Eigenthümers den Antrag auf Eintragung einer Hypothek gestellt hatte, nicht rechtzeitig mitgetheilt hat, die Eintragung sei unzulässig, weil der Antrag des Eigenthümers fehle, und daß derselbe die vom Gläubiger vorgelegte Schuldurkunde an den Schuldner auf dessen einseitige Erklärung ausgefolgt hat; deshalb ist der Grundbuchrichter zum Ersatz des Schadens verurtheilt, welchen der Gläubiger dadurch erlitten hat, daß er in Folge der Eintragung einer anderen Hypothek an der ihm nach dem Zeitpunkt der Vorlegung seines Antrages gebührenden Stelle im Grundbuche bei der Subhastation ausgefallen ist. Es ist angenommen, daß der Gläubiger bei rechtzeitiger Benachrichtigung durch Ergreifung der Beschwerde oder durch Benutzung des im § 22 des Eig. Erwerbsgesetzes gebotenen Rechtsmittels den Vorrang für seine Hypothek hätte erreichen können. (R.G. E. 22, 235.)

6. Der Grundbuchrichter haftet für jeden dadurch entstandenen Schaden, daß er entgegen dem der Eintragung zu Grunde liegenden Kaufvertrag, in welchem die Eintragung des Käufers als Eigenthümer von der vorhergegangenen Erfüllung einer Bedingung (z. B. von der gleichzeitigen Eintragung des Restkaufgeldes als Hypothek) abhängig gemacht ist, die Eintragung des neuen Eigenthümers ohne Rücksicht auf die daran geknüpfte Bedingung bewirkt. (R.G. in Gruchot's Beiträgen 25, 453.)

7. Der Grundbuchrichter hatte die Hypothek des Klägers vor der eines Dritten, für welche der Antrag früher ein-

gegangen, versehentlich **eintragen** lassen. Kläger will dadurch in den Rechtsirrthum versetzt sein, seine Hypothek gehe der des Dritten vor, und aus diesem Grunde unterlassen haben, die Hypothek des Dritten mit herauszubieten. In Folge dessen ist zwar der Dritte befriedigt, Kläger ausgefallen. Konnte die Entstehung dieses Nachtheils aus dem Versehen nicht vorausgesehen werden, so lag ein **zufälliger Schaden** vor (A.L.R. I, 6 § 4). Dann aber war zu erörtern, ob der Richter für diesen unter Hinzutritt des Rechtsirrthums des Klägers entstandenen, also mittelbaren Schaden, nach § 16 und I, 3 § 13 verantwortlich zu machen war; auch, ob nicht der Kausalzusammenhang durch den Rechtsirrthum des Klägers unterbrochen war — Einl. § 12 — zumal Kläger im Versteigerungstermin über die wahre Rechtslage der Hypotheken informirt war, aber bei jener Ansicht beharrt und deshalb die Hypothek des Dritten nicht herausgeboten hat. (A.L.R. I, 6 § 19.) — (R.G. 16. Juni 1887, Bolze, 4 Nr. 353.)

8. Der Käufer hat dem Verkäufer den vollen Kaufpreis gezahlt, weil nach dem vorgelegten Grundbuchblatt, auf welchem das Grundstück eingetragen war, Schulden nicht eingetragen waren; das Grundstück war aber auch auf einem anderen Grundbuchblatt eingetragen und dort mit Schulden belastet. Die bereits vor vielen Jahren erfolgte Uebertragung des Grundstücks ist von dem damaligen Grundbuchführer im Flurbuch nicht notirt und so versagte die Kontrolle, als auf Antrag des Eigenthümers das angeblich noch nicht eingetragene Grundstück auf ein zweites Grundbuchblatt eingetragen wurde. Ein Versehen des Richters würde nur vorliegen, wenn er die für die Provinz erlassenen Vorschriften (§ 133 Grundbuchordnung) nicht beachtet hätte. (R.G. Bolze, 1 Nr. 525.)

9. Ist einem Gläubiger bei Eintragung seiner Forderung in das Grundbuch das dieser Forderung vor einer anderen zustehende, ihm bekannte Vorrecht nicht gewahrt worden und versäumt er, den Voreingetragenen zur Berichtigung der Eintragung anzuhalten, macht auch von der ihm zustehenden Befugniß zum Bestreiten des ungerechtfertigten Vorrechts bei der Kaufgelderbelegungsverhandlung keinen Gebrauch und erleidet er in Folge dessen an seiner Forderung Schaden, so kann er den Erfolg desselben vom Grundbuchrichter nicht verlangen, weil er sich durch eigene Nachlässigkeit des Hauptmittels zu seiner Befriedigung verlustig gemacht hat. (Obertr. Strieth. Arch. 62, 30.)

10. Unter Nichtberücksichtigung der Verfügung des preuß. Justizministers hatte der Richter bei Zurückführung des Grundbuches auf das Grundsteuerbuch einen neuesten Auszug aus der Grundsteuermutterrolle nicht erfordert, vielmehr auf Grund einer von dem Grundbuchführer bei dem Katasteramte mündlich eingezogenen Information den Flächenraum des Pfandgrundstücks um mehrere Hektar zu groß im Grundbuche verzeichnen lassen. Die Erben des Richters sind zum Ersatz des Schadens verurtheilt, den Kläger, welcher im Vertrauen auf die genügende Sicherheit bietende Größe des Grundstückes ein Darlehn gegeben hatte, bei der Subhastation erlitten hatte. (R.G. Bolze 13, Nr. 217.)

11. Der Richter ist zum Ersatz des dem Cessionar erwachsenen Schadens verurtheilt, weil er versehentlich in dem gebildeten Hypo-

thekenbriefe eine Vorrechtseinräumung nicht vermerkt hatte. (R.G. Bolze 13, Nr. 218.)

12. Ein Versehen des Grundbuchrichters im Sinne des § 118 Grundbuchordnung liegt nicht vor, wenn er genau nach dem Wortlaute der von zuständiger Seite gestellten und an sich zulässigen Anträge verfährt. (R.G. E. 39, 234.)

13. Die nach Württemberg. Pfandgesetze aus der nicht gerechtfertigten Löschung der Hypothek haftenden Mitglieder der Unterpfandsbehörde haben vorgängige Ausklagung des dritten Besitzers des Grundstücks gefordert. Die Klage ist deshalb abgewiesen, denn die replica doli, daß Beklagter dann von jenen Besitzern im Regreßwege belangt werden würde, steht dem Kläger nicht zu. Der Grundsatz dolo facit qui petit quod redditurus est gilt nur, wenn die Gegenpartei dem, welcher diesen Grundsatz geltend macht, zurückgeben müßte, was sie von ihm fordert. (R.G. Bolze 17 Nr. 186.)

II. Das Recht der einzelnen Bundesstaaten.

Der Staat, welcher gemäß § 12 der Reichsgrundbuchordnung den Geschädigten befriedigt hat, kann gegen den schuldigen Beamten Regreß nehmen. Die Voraussetzungen sind in den einzelnen Bundesstaaten verschieden. Die einschlägigen gesetzlichen Bestimmungen sind im § 36 angegeben; die Anwendung derselben bietet keine Schwierigkeit.

An der Hand des jetzigen preußischen Rechts (Art. 8 Ausf.-Ges. z. G.B.O.[1])) mag noch folgendes ausgeführt werden:

Hat der Grundbuchbeamte nicht aus grobem Versehen die ihm obliegende Amtspflicht verletzt, so trägt den Schaden unter allen Umständen der Staat. Dasselbe gilt im Falle des § 827 B.G.B. Der Beamte ist nur disciplinarisch verantwortlich. Diese Bestimmung wird hoffentlich dazu führen, daß der Geschäftsbetrieb in den preußischen Grundbuchämtern ein anderer werden wird, da für die oftmals übertriebene Aengstlichkeit des unter dem Damoklesschwerte des Regresses sitzenden Grundbuchrichters kein Untergrund mehr vorhanden ist, ohne daß damit einer leichtsinnigen Amtsführung das Wort geredet werden soll..

Für den Begriff „grobe Fahrlässigkeit" wird der oben § 13 mitgetheilte § 18 I, 3 A.L.R. auch jetzt noch verwerthbar sein.[2])

Jeder Grundbuchbeamte haftet für das Versehen, welches ihm in der ihm zugewiesenen Geschäftssphäre zur Last fällt, selbstständig

---

[1]) Durch diese Bestimmung sind die §§ 88—91 II, 10 A.L.R. — vergl. § 29 unten — modifizirt.

[2]) Liegt Vorsatz oder grobes Versehen vor, so wird der Staat die Klage erheben müssen und darf nicht etwa aus Billigkeitsrücksichten hiervon Abstand nehmen.

und allein z. B. beim Präsentiren der eingehenden Anträge.[1]) Solidarisch sind die Beamten nur da verhaftet, wo sie ein Geschäft gemeinsam zu besorgen haben z. B. bei allen Eintragungen im Grundbuch und bei der Ausfertigung der Hypotheken-, Grundschuld- und Rentenschuld-Briefe.

Es steht im Belieben des Staates, ob er den Richter oder Buchführer oder beide zugleich in Anspruch nehmen will. Hat bei solidarischer Verantwortlichkeit ein Beamter den ganzen Ersatz geleistet, so kann er sich an den mitverhafteten Beamten wegen des auf ihn entfallenden Antheils halten (§ 426 B.G.B.), und zwar im Gegensatz zum bisherigen preußischen Recht, auch dann, wenn Vorsatz vorliegt.

Die Solidarhaft gegenüber dem Staate tritt aber nur ein, wenn beiden Grundbuchbeamten mindestens grobes Versehen zur Last fällt. Hat sich der Grundbuchführer z. B. nur eines mäßigen Versehens schuldig gemacht, so fällt bei ihm die Ersatzpflicht gegenüber dem Staate weg. Ebenso umgekehrt beim Richter.

Die Klage des Justizfiskus ist gegen den Beamten in dessen persönlichen Gerichtsstande geltend zu machen.[2]) Der Beamte kann, auch wenn der Fiskus rechtskräftig verurtheilt ist, alle Einwendungen geltend machen, welche ihm gegenüber dem Beschädigten zuständen; es sei denn, daß ihm der Staat in dem Vorprozesse den Streit verkündet hat.

Der Beamte muß alles erstatten, was der Staat dem Beschädigten hat entrichten müssen; auch Verzugszinsen zahlen.

Die Kosten des Vorprozesses treffen ihn ebenfalls, sofern dem Staat ein Verschulden bei demselben nicht zur Last fällt z. B. das Bestreiten des Ersatzanspruchs des Geschädigten statt freiwilliger Erstattung begründet war.

Kann ein Dritter noch haftbar gemacht werden, sei es aus der Bereicherung oder aus anderen Gründen, so hat der Grundbuchbeamte, der seiner Regreßpflicht gegen den Staat hat nachkommen müssen, einen Rückgriff gegen diesen.[3])

---

[1]) Die Beiheftung solcher Urkunden, welche nicht zu den Acten geheftet werden können (wie z. B. die zur Bildung eines Hypothekenbriefes erforderliche Schuldurkunde während der Zeit bis zur Erledigung einer Zwischenverfügung), zu den Grundacten stellt ein Versehen des Grundbuchführers dar, den dadurch den Interessenten erwachsenden Schaden hat dieser und nicht der Grundbuchrichter zu vertreten. (R.G. in Gruchot's Beiträgen 26, 442.)

[2]) Zuständig ist stets das Landgericht. Vergl. § 31 unten.

[3]) Oberneck, S. 480.

§ 23.

Der Vormundschaftsrichter, Mitglieder des Familienrathes, der Testaments-, Arrest- und Zwangsvollstreckungsrichter.

I. Altes Recht.

A. Vormundschaftsrichter.

a) Das Allg. preuß. Landrecht hatte im Theil II Titel 18 § 301 die Bestimmung, daß der Vormundschaftsrichter dem Mündel wegen mäßigen Versehens haftete, welches er bei Bestellung des Vormundes oder bei der Führung der Aufsicht und Direction über denselben begangen habe. Diese Bestimmung ist durch die preuß. Vormundschaftsordnung vom 5. Juli 1875 § 102 beseitigt worden, ohne daß eine neue Vorschrift an ihre Stelle gesetzt wäre. Daher gelten für den Vormundschaftsrichter die allgemeinen Bestimmungen über die Haftung der Beamten wegen Verletzung ihrer Amtspflicht (§§ 88 ff.. II, 10 A.L.R.).

b) Gemeines Recht s. oben § 9 unter a.

c) Sächsisches Recht s. oben § 9 unter c.

d) Französisches Recht[1]) s. oben § 9 unter d. Die Mitglieder des Familienraths haften gemäß Art. 1382 u. 1383 code civil.

B. Testamentsrichter. (Preußisches Recht.)

Bei der Aufnahme von Testamenten vertritt der Richter mäßiges Versehen.[2]) Hat er eine Form versäumt, ohne welche das Testament nicht bestehen kann, so soll er dem Honorirten wegen des durch seine Schuld entstehenden Schadens gerecht werden.[3]) Handelt es sich nur um Vernachlässigung der ihm zur Pflicht gemachten Deutlichkeit des Inhalts, so hat er, wenn über Auslegung desselben Prozesse entstehen, „die sonst nicht entstanden wären", die Prozeßkosten zu ersetzen.[4]) Ebensoweit geht seine Haftpflicht, wenn er dorfgerichtlich aufgenommene Testamente nicht noch dem Testator vorgelegt hat, und ein Prozeß über den Inhalt des Testa-

---

[1]) Da die preuß. Vormundschaftsordnung vom 5. Juli 1875 keine besonderen Bestimmungen enthält, so ist in der Rheinprovinz das französische Recht maßgebend. (R.G. 7. 3. 1899, E. 43, 384.) Art. 505 des Code de procedure civile ist auch anwendbar auf den Richter der freiwilligen Gerichtsbarkeit.

[2]) A.L.R. I, 12 §§ 140 und 141.

[3]) A.L.R. I, 12 § 140.

[4]) A.L.R. I. 12 § 158.

ments entstanden ist, welcher durch jene Vorlegung hätte vermieden werden können.[1])

C. Arrestrichter. (Preußisches Recht.

Allg. Landrecht I, 6, § 133:[2])

„Der auf dessen Gefahr oder falsche Vorspiegelung ein widerrechtlicher Personalarrest verhängt worden, und der Richter, welcher dabei den gesetzlichen Vorschriften zuwider gehandelt hat, sind den Betheiligten als Mitschuldige verhaftet."

D. Zwangsvollstreckungsrichter. (Preußisches Recht.)

Bei der Zwangsversteigerung unbeweglicher Sachen soll der Richter, der sich einer Vernachlässigung der Förmlichkeiten schuldig gemacht hat, also nicht der Richter, welcher bei Abfassung des Zuschlagbescheides ein Versehen begeht, den Interessenten für allen daraus erweislich entstandenen Schaden haften (A.L.R. I, 11 §§ 355 u. 358.[3])

II. Jetziges Recht.[4])

§ 1674 B.G.B.

„Verletzt der Vormundschaftsrichter vorsätzlich oder fahrlässig die die ihm obliegenden Pflichten, so ist er dem Kinde nach § 839 Abs. 1, 3 verantwortlich."[5])

§ 1848 B.G.B.:

„Verletzt der Vormundschaftsrichter vorsetzlich oder fahrlässig die ihm obliegenden Pflichten so wird er dem Mündel[6]) nach § 839 Abs. 1, 3 verantwortlich."

§ 1872:

„Die Mitglieder des Familienraths .... sind in gleicher Weise verantwortlich wie der Vormundschaftsrichter."

Die Haftung des Testamentsrichters ist nach dem B.G.B. ganz dieselbe, wie diejenige der übrigen Beamten. Auch für den Arrest- und Zwangsvollstreckungsrichter gelten keine Besonderheiten mehr.

---

[1]) A.L.R. I, 12 § 97.

[2]) Die Haftung ist also eine solidarische (nicht subsidiäre). Der Personalarrest ist noch zulässig als Sicherheitsarrest (§§ 918, 936 (798, 812) C.P.O.) und als Zwangshaft zur Erzwingung von Handlungen in der Zwangsvollstreckungsinstanz. (§§ 888 ff., 899 ff. (774 ff. und 782 ff.) C.P.O.)

[3]) Die Praxis hat auch hier mäßiges Versehen als nothwendig angenommen (Strieth. Archiv 47, 3).

[4]) Vergl. oben § 3.

[5]) Bekanntlich hat der Vormundschaftsrichter auch für nicht unter Vormundschaft stehende Minderjährige zu sorgen.

[6]) Auch bei großjährigen.

Die Haftung des Vormundschaftsrichters stellt sich jetzt als eine delictische und nicht mehr als eine quasikontractliche dar, wie nach gemeinem Recht. Hierfür spricht der Wortlaut des Gesetzes, welches den Vormundschaftsrichter einfach nach Maßgabe des § 839 B.G.B. haften läßt und daher unmittelbar die Grundsätze über die delictische Haftung zur Anwendung bringt.

Die eigentliche Haftung tritt aber nur dem Kinde oder Mündel gegenüber ein, bezüglich dessen die Amtshandlung vorzunehmen ist. Er haftet hier für die vorsätzliche oder fahrlässige Verletzung einer jeden Amtspflicht. Es macht ihn also auch die Verletzung einer bloßen Ordnungsvorschrift haftbar, sobald dieselbe kausal ist für die Entstehung des Schadens.

Anderen Personen („Dritten") gegenüber haftet der Vormundschaftsrichter ebenso wie jeder Beamte nur wegen Verletzung der ihm dem Anderen gegenüber obliegenden Amtspflicht (§ 839 B.G.B.).

Vormundschaftsrichter ist jeder richterliche Beamte, welchem nach den maßgebenden Bestimmungen über das Verfahren in Vormundschaftssachen die Ausübung der Gerichtsbarkeit in erster Instanz oder in höheren Instanzen übertragen ist.[1]) Es ist indeß stets zu prüfen, ob der Richter in seiner Eigenschaft als Vormundschaftsrichter thätig geworden ist. Das B.G.B. spricht in den §§ 1674 und 1848 nicht vom Beamten, sondern vom „Vormundschaftsrichter". Soweit nach Art. 147 Einf.-Ges. z. B.G.B. die dem Vormundschaftsgerichte obliegenden Verpflichtungen anderen als gerichtlichen Behörden übertragen sind, so haften diese naturgemäß als Vormundschaftsrichter nach §§ 1674 u. 1848 B.G.B. ohne Rücksicht darauf, ob diese Behörden aus Beamten oder Laien zusammengesetzt sind.

Der Vormundschaftsrichter kann hauptsächlich haftbar gemacht werden wegen Verabsäumung der erforderlichen Sorgfalt bei der Auswahl des Vormundes (§ 1779 B.G.B.) und bei der Beaufsichtigung (§ 1837). Auch wenn keine Vormundschaft geführt wird, liegt dem Vormundschaftsrichter die Sorge für die minderjährigen Kinder und deren Vermögen ob sowohl während des Bestehens der Ehe, aus der die Kinder hervorgegangen sind, als nach dem Tode eines der Ehegatten.

Da nun der Vater bezw. die Mutter bei Ausübung der elterlichen Gewalt dem Kinde nur für diejenige Sorgfalt einzustehen haben, die sie in eigenen Angelegenheiten anzuwenden pflegen (§§ 1664, 1685 u. 1686 B.G.B.), so kann der Vormundschaftsrichter in die eigenthümliche Rechtslage kommen, daß er dem Kinde haftet, während der Inhaber der elterlichen Gewalt nicht zu be-

[1]) Motive Bd. IV, S. 1192.

langen ist, sodaß für den Richter die Gunst des § 839 Abs. 1 Satz 2 (Subsidiarität der Haftung) versagt.[1])

Die Frage, ob § 841 B.G.B. auch für das Verhältniß zwischen Vormund und Vormundschaftsrichter Anwendung zu finden hat, ist zu bejahen. Vergl. das Nähere in § 14 unter II.

§ 24.

Der Spruchrichter.

I. Früheres Recht.

a) Gemeines Recht:

Es ist bestritten, ob der Spruchrichter nur für dolus (Vorsatz), oder auch für culpa lata (grobes Versehen) haftet.[2]) Die herrschende Meinung der Schriftsteller spricht sich für die erstere Alternative aus.[3]) In der Gerichtspraxis ist die Frage wohl nur selten vorgekommen, denn in den ersten 41 Bänden der Seuffertschen Sammlung ist nur ein Fall (Urtheil des Oberappellationsgerichts Wolffenbüttel vom 1. October 1833) in Bd. 24 S. 241 abgedruckt. Hier ist in Uebereinstimmung mit der herrschenden Meinung entschieden. In dem Falle (R.G. E 40, 202) lag nicht einmal culpa lata vor.

Der Spruchrichter unterliegt der milderen Haftung nicht nur bei Fällung der Entscheidung (Urtheil u. s. w.), sondern auch bei der Leitung des Prozesses.

Er haftet aber prinzipaliter, nicht subsidiär.

b) Preußisches Landrecht.

Nach §§ 88, 89 II, 10 A.L.R. haften die Beamten zwar für das geringste Versehen. Diese Bestimmungen finden jedoch nach feststehender preuß. Praxis[4]) auf den Spruchrichter keine Anwendung und zwar vornehmlich deshalb, weil eine solche ausgedehnte Verantwortlichkeit sich mit der zur Aufrechterhaltung einer geordneten Rechtspflege unentbehrlichen Unabhängigkeit der Gerichte nicht verträgt (R.G. E 38, 388; Motive I Entwurf z. B.G.B. Theil 2, S. 821). Der Spruchrichter haftet nur dann, wenn er

---

[1]) Scholz, S. 374.

[2]) Vergl. die Entscheidung des Reichsgerichts E. 40, 202, wo aber die Frage nicht entschieden wird, und die Motive zum B.G.B. Bd. 2, S. 819.

[3]) Vergl. Windscheid, Pandecten § 470; and. Ans. Haffner, S. 56, Klewitz, S. 16 ff.

[4]) Entsch. des Obertrib. 3, 253 und 42, 336.

das Recht vorsätzlich gebeugt hat[1]) und zwar nicht prinzipaliter, sondern nur subsidiär. Wie durch die Entscheidung des Reichsgerichts und die Motive z. B.G.B. als bestehende Praxis bezeugt wird, gilt diese beschränkte Haftung nicht nur für die bei der Entscheidung, sondern auch für die bei der Leitung einer Rechtssache von dem Spruchrichter entwickelte Thätigkeit und zwar muß nach dem der gedachten Praxis zu Grunde liegenden Gedanken angenommen werden, daß die beschränkte Haftung des Richters sich mindestens soweit erstreckt, als es sich um solche Entscheidungen, welche materiell-rechtlicher Natur sind, handelt, und welche geeignet sind, auf die Endentscheidung, das Urtheil, einen Einfluß auszuüben und mit dieser Entscheidung in Zusammenhang stehen. Auch solche, das Urtheil vorbereitende Entscheidungen stellen sich als Ausfluß einer richterlichen erkennenden Thätigkeit dar, auch auf sie findet dieselbe Erwägung Anwendung, welche zur Befreiung des Richters von der Haftung für ein bei der Urtheilsfällung begangenes Versehen geführt hat. Hierher gehören beispielsweise Entscheidungen, durch welche die Erhebung gewisser Beweise angeordnet wird, nicht minder aber auch die Entscheidung darüber, in welcher Weise die Beweiserhebung stattfinden soll, ob z. B. das persönliche Erscheinen des Zeugen von dem erkennenden Gericht erforderlich ist, auch die Entscheidung darüber, ob die Verlegung des Termins angängig ist, weil die Geschäftslast dies nicht zuläßt, oder der Angeklagte sich in Untersuchungshaft befindet u. s. w.

Die vorstehenden Ausführungen gelten auch für die neuerworbenen Landestheile Preußens nach der Verordnung v. 23. Sept. 1867 (R.G. bei Gruchot 28, 968), aber nicht in der Rheinprovinz (R.G. E 43, 385.). Vgl. S. 19.

Praktischer Fall:

Ein Richter hatte auf das Gesuch eines Zeugen, den Hauptverhandlungstermin entweder früher oder später zu legen, da er auf 4 Wochen verreisen wolle, verfügt: „zu antworten, daß der Termin nicht verlegt werden kann, da der Angeklagte sich in Untersuchungshaft befindet“.

Der Justizfiskus nahm den Richter in Anspruch wegen der Mehrkosten, welche an Zeugengebühren durch die Reise des Zeugen von seinem Reiseaufenthaltsorte zum Termin entstanden waren, mit der Begrün-

---

[1]) Förster-Eccius, Preuß. Privatrecht (Bd. 2 § 154 Anm. 25) und Dernburg, Preuß. Privatr. (Bd. 2 § 298 Anm. 15) lassen jedoch den Spruchrichter neben dolus auch für die „in Civilsachen gleichgestellte culpa lata“ haften, aber nicht darüber hinaus. In den Motiven zum B.G.B. Bd. II S. 821 wird behauptet, daß die preußische Doktrin überwiegend annehme, der Spruchrichter hafte wegen dolus und culpa lata. Hinschius, Jur. Wochenschr. 1836 S. 737 ff. und 1843 S. 235 ff., erachtet die allgemeinen Vorschriften über die Haftung der Beamten auch auf den Spruchrichter für anwendbar.

dung, der Richter habe ein Versehen begangen, weil er den Zeugen vor seiner Abreise entweder selbst oder durch einen Vertreter, dessen Bestellung nachzusuchen gewesen wäre, hätte vernehmen oder die Vernehmung des Zeugen nach seiner Abreise durch Ersuchen des Gerichts seines demnächstigen Aufenthaltsortes bewirken lassen müssen.

Die Klage ist abgewiesen, weil die Verfügung des Richters als ein Akt spruchrichterlicher Thätigkeit anzusehen und seine Haftung ausgeschlossen sei, selbst wenn er ein Versehen begangen haben sollte.

Ob ein Zeuge vor dem erkennenden Gericht persönlich gehört wird oder ob er durch einen beauftragten oder ersuchten Richter vernommen und dann nur seine geschriebene Aussage dem Urtheil fällenden Gericht vorgeführt wird, kann von der erheblichsten Bedeutung für das Schicksal des Prozesses werden. Es bedarf daher einer eingehenden Prüfung des Prozeßstoffes zur Entscheidung der Frage.[1])

c) Sächsisches Recht. Vgl. oben § 9 unter c.

d) Französisches Recht. Vgl. § 9 unter d.

II. Jetziges Reichsrecht.

Der Wortlaut des § 839 Abs. 2 u. 3 B.G.B. ist oben S. 20 im § 10 wiedergegeben.

1. Vor näherer Erörterung dieser Gesetzesstelle bedarf es eines Eingehens auf die Entstehungsgeschichte derselben.

Der § 736 Abs. 3 des ersten Entwurfs bestimmte, daß ein Beamter, welcher bei der ihm obliegenden Leitung oder Entscheidung einer Rechtssache seine Amtspflicht verletzt, für den hieraus entstandenen Schaden nur dann verantwortlich sei, wenn die Pflichtverletzung mit einer im Wege des gerichtlichen Strafverfahrens zu verhängenden öffentlichen Strafe verhängt sei.

Die Motive (Bd. 2 S. 824) begründen dies damit:

„Eine ausgedehnte, sich auf jede Fahrlässigkeit beziehende Verantwortlichkeit des Spruchrichters vertrage sich nicht mit der zur Aufrechterhaltung der Rechtsordnung unentbehrlichen Unabhängigkeit der Gerichte. Der Spruchrichter dürfe nicht der Gefahr ausgesetzt sein, nachträglich wegen irrthümlicher Auslegung des Gesetzes, wegen irriger Anwendung desselben auf den zu entscheidenden Fall, wegen unrichtiger oder unterbliebener Würdigung eines Parteivorbringens oder eines Beweismittels und dergl. vor einem anderen Richter zur Verantwortung gezogen zu werden. Der Spruchrichter dürfe nur verantwortlich sein, wenn er das Recht gebeugt bezw. bei Ausübung seines Amtes einer in den allgemeinen Strafgesetzen vorgesehenen Pflichtverletzung sich schuldig gemacht habe."

Die vorerwähnte Ausnahmebestimmung für den Spruchrichter fand in dem Abs. 2 des II. Entwurfs mit dem Zusatz Aufnahme, daß „diese Vorschrift keine Anwendung findet auf eine pflichtwidrige Verweigerung oder Verzögerung des Amtes". In dieser

---

[1]) Urtheil des L.G. Berlin I vom 25. October 1899 in den „Blättern für Rechtspflege im Bezirk des Kammergerichts" 1900, S. 96.

Fassung wurde der Entwurf dem Reichstage vorgelegt. In zweiter Lesung rief er verschiedene Abänderungsanträge hervor. Ein Antrag Haußmann ging dahin, den Richter für jedes vorsätzliche oder grobfahrlässige Verschulden haftbar zu machen. Die sozialdemokratische Partei beantragte, auch die richterlichen Beamten für jede Gesetzwidrigkeit selbst ohne Verschulden haftbar zu machen. Nachdem beide Anträge abgelehnt worden waren, ging der Antrag Auer durch auf Streichung der Worte „Leitung oder“ im 2. Absatz des Entwurfs.[1]) In der Debatte über diesen Antrag wurde von verschiedenen Seiten betont, daß das Privileg sich lediglich auf die Entscheidung beziehen dürfe, bei dieser müsse aber der Richter allerdings freier gestellt werden. Doch gehe es zu weit, wenn man den Richter auch bei der Leitung des Prozesses, und nicht bloß bei der Entscheidung privilegire. Eine durch den Abgeordneten Gröber hervorgerufene Erörterung zwischen dem Abgeordneten Haußmann, welcher die Ansicht vertrat, daß Entscheidung hier genau dasselbe sei, wie Urtheil, und dem Staatssekretär Nieberding, der dem widersprach, gab dem erstgenannten Abgeordneten den Anlaß, in der dritten Lesung zu beantragen, die Worte „bei der Entscheidung einer Rechtssache“ zu ersetzen durch „bei dem Urtheil in einer Rechtssache“. Der Antragsteller (Gröber[2]) führte aus, daß wenn statt des Wortes „Entscheidung“: „Urtheil“ gesetzt würde, damit nur die Entscheidungen gemeint seien, durch welche das Prozeßrechtsverhältniß für die Instanz beendigt wird, also bei Strafsachen die Endurtheile, bei Civilsachen auch noch die Zwischenurtheile und die Theilurtheile. Andere Verfügungen, insbesondere die Haftbefehle, Verfügungen über Beschlagnahmen würden bei Annahme seines Vorschlages aus der Sonderbestimmung des Abs. 2 (§ 839) herausfallen. Er legte das Hauptgewicht auf die Rechtskraft der Urtheile. Soweit die Rechtskraft reiche, schützten die ordentlichen Rechtsmittel gegen Fehler und Versehen der Beamten und es könne nicht gebilligt werden, wenn neben dem vom Gesetz vorgeschriebenen Instanzenzuge auch die Möglichkeit eröffnet werden solle, auf dem Umweg des Privatrechtsstreites nochmals die ganze Sache durch alle Instanzen hindurchzutreiben, wenn die Sache rechtskräftig entschieden sei. Aber die Konsequenz solle nicht weiter getrieben werden, als die Rechtskraft des Urtheils zwinge. Soweit es sich um ein rechtskräftiges Urtheil handle, sollte für den Richter ein besonderer Schutz nicht verlangt werden.. Gegen die Auslegung des Antrags Gröber durch seinen Urheber wurde im Reichstag ein Widerspruch nicht erhoben, wohl aber von dem Regierungsvertreter.

Der Antrag Gröber wurde schließlich angenommen.

---

[1]) Stenograph. Bericht, S. 2855 ff.

[2]) Stenograph. Bericht, S. 3067 ff.

Eine Uebereinstimmung der gesetzgebenden Factoren, Bundestag und Reichstag, hat also nicht stattgefunden. Es bleibt unter diesen Umständen nichts anders übrig, als der Rechtsprechung und Wissenschaft, welche sich dabei an die Auffassung im bisherigen Rechte anzulehnen haben wird, die Bestimmung des Begriffs „Urtheil" zu überlassen. Gesetze müssen so interpretirt werden in Zweifelsfragen, daß sie practisch brauchbare Ergebnisse herbeiführen.

2. In einer Rechtssache. Es muß sich um eine Rechtsangelegenheit handeln, die bestritten ist, also eine Civil-, Straf- oder Verwaltungsrechtssache. Auf das Gebiet der freiwilligen Gerichtsbarkeit erstreckt sich der § 839 Abs. 2 nicht, obwohl auch hier Entscheidungen z. B. Unterbringung zur Zwangserziehung erlassen werden, welchen alle Erfordernisse eines Urtheils beiwohnen.[1]) Es folgt dies aus dem Worte „Urtheil", daß an Stelle der „Entscheidung" gesetzt ist. Es ist nicht erforderlich, daß die Sache gerade vor den ordentlichen Gerichten (Amtsgericht, Schöffengericht, Landgericht, Schwurgericht, Oberlandesgericht, Reichsgericht) zur Verhandlung kommt.[2]) Der § 839 Abs. 2 findet auch Anwendung für die Sondergerichte[3]) z. B. Militärgerichte, Austrägalgerichte für Standesherren, Gewerbegerichte (Reichsgesetz vom 29. Juli 1890; R.G. Bl. S. 141), die Innungsschiedsgerichte, die Schiedsgerichte in Unfallversicherungssachen, der Invaliditäts- und Altersversicherung, die Auseinandersetzungsbehörden (agrarische Gerichte), Rheinschiffahrts- und Elbzollgerichte.

Ferner sind hierher zu rechnen die Verwaltungsgerichte (Kreisausschuß, Bezirksausschuß, Oberverwaltungsgericht), das Bundesamt für Heimathswesen, Patentamt, Reichseisenbahnamt, Reichsrayonkommission, Seeämter, Prisengerichte, Gerichtshof zur Entscheidung der Kompetenzkonflicte; endlich die Disciplinargerichte.

3. Als Beamte im Sinne des § 839 Abs. 2 kommen nicht allein die rechtsgelehrten und beamteten Richter, sondern auch die Handelsrichter (§§ 109 G.V.G.), die Geschworenen und Schöffen in Betracht; endlich die nicht beamteten Beisitzer der oben erwähnten Gerichte.

---

[1]) Gleicher Ansicht: Nöldeke, S. 819; Kayser, S. 52; Oberneck, S. 472; and. Ansicht Dernburg III, § 35 S. 103.

[2]) Das Gesetz spricht allgemein von Beamten, um klar zu machen, daß sich die Vorschrift des § 839 Abs. 2 auch auf diejenigen Beamten bezieht, welche, ohne Richter im engeren Sinne zu sein, Rechtssachen zu entscheiden haben. (Motive Bd. 2 S. 824; vergl. auch Kommissionsbericht des Reichstags S. 63.)

[3]) Auch die Polizeibehörden, wenn Strafsachen durch Strafverfügung ihre Erledigung finden, gehören hierher (R.G. E. (Strafsachen) 25, 276); desgleichen die Verwaltungsbehörden, wenn sie Strafbescheide in Zoll- und Steuersachen erlassen. And. Ans. Stephan, S. 15.

Allerdings sind Nöldeke, S. 817 und Scholz, S. 375 anderer Ansicht. Trotz der Bemerkung der Motive,[1]) nach welchem der § 839 B.G.B. in seiner Fassung an den Schöffen und Geschworene nicht mit umfassenden § 359 St.G.B., angelehnt sein soll, wird man unter „Beamten" im Sinne des § 839 Abs. 2 auch diejenigen Personen zu verstehen haben, welche der Staat zu Richtern berufen hat. Das B.G.B. giebt keine Begriffsbestimmung des Beamten, wie § 359 St.G.B. Die Gegenansicht würde dahin führen, daß der Laienrichter, welcher das Amt als Ehrenamt, also unentgeltlich verrichtet, strenger haftet, als der besoldete und rechtsgelehrte Richter. Maßgebend würden für den Laienrichter sein die §§ 823 u. 829 B.G.B.; er würde haften wegen widerrechtlicher Verletzung des Lebens u. s. w. eines Andern, sowie wegen eines Verstoßes gegen ein den Schutz eines Andern bezweckendes Gesetz auch dann, wenn er eine Amtspflicht verletzt, die ihm nicht einem Andern gegenüber obliegt. Die bedenklichste Konsequenz aber würde sein, daß er auch wegen Fahrlässigkeit bei der Urtheilsfällung haften müßte, während doch alle Gründe, die sich für die gemilderte Haftung des Spruchrichters geltend machen lassen, beim Laienrichter ebenso durchgreifen, wie beim beamteten Richter.

Auf Staatsanwälte,[2]) Gerichtsschreiber u. s. w., überhaupt alle zwar beim Verfahren, nicht aber bei der Urtheilsfällung mitwirkenden Beamten bezieht sich das Privileg des § 839 Abs. 2 B.G.B. überhaupt nicht.

4. Bei dem Urtheil in einer Rechtssache. a) Da die Worte „Leitung oder" des Entwurfes gestrichen sind, so erstreckt sich das Privileg des Spruchrichters nur auf die Entscheidung der Rechtssache, nicht auf deren Leitung. Der Spruchrichter kann daher für eine Fahrlässigkeit gemäß § 839 Abs. 1 haftbar gemacht werden bei Verzögerung der Terminsbestimmung, unrichtiger Ladung eines Zeugen u. s. w., bei der Leitung der Hauptverhandlung in Strafsachen, in der z. B. vergessen wird, rechtzeitig die Oeffentlichkeit wieder herzustellen, wodurch die Aufhebung des Urtheils und die Erneuerung der Verhandlung herbeigeführt wird, oder wenn er die Sitzung unberechtigter Weise aufhebt, wodurch doppelte Zeugengebühren erwachsen, ferner bei der Prozeßleitung in Civilsachen z. B. durch Nichtausübung des richterlichen Fragerechts. In den Reichstagsverhandlungen ist vielfach Bezug genommen auf die Prüfung der Voraussetzungen des Erlasses eines Versäumnißurtheils. Es kann der Richter z. B. die genaue Prüfung dieser Voraussetzungen unterlassen und das Versäumnißurtheil erlassen, trotzdem die Klage dem Beklagten garnicht richtig zuge-

[1]) Bd. 2, S. 824.

[2]) Bei ein Strafverfahren einstellenden Verfügungen erscheinen sie aber als „Spruchrichter".

stellt ist. Auch hier handelt es sich um ein Versehen bezüglich der Urtheilsfällung und nicht bezüglich der Prozeßleitung, die mildere Haftung tritt also ein.[1])

Die Grenze dafür, ob eine Anordnung u. s. w. zur Leitung der Rechtssache gehört oder nicht, wird sich häufig schwer ziehen lassen. In Zweifelsfällen wird man sich für die mildere Haftung des Spruchrichters aussprechen müssen.

b) Man streitet darüber, ob das Wort „Urtheil" auf Urtheile im prozessual-technischen Sinne zu beziehen ist, oder auch auf Entscheidungen, welche nicht in Urtheilsform erlassen werden z. B. die „Beschlüsse".[2]) Diejenigen, welche sich für die Bejahung der Frage aussprechen,[3]) berufen sich auf die Entstehungsgeschichte des Gesetzes. Allein es ist stets mißlich auf Aeußerungen einzelner Abgeordneten, welche vielleicht im Plenum des Parlaments unwidersprochen geblieben sind, entscheidendes Gewicht zu legen. Die Aenderung des Entwurfs ist überdies in letzter Stunde bei den Reichstagsverhandlungen erfolgt.[4])

Will man sich an den Wortlaut klammern, so würden z. B. Entscheidungen der Seeämter oder der Schiedsgerichte in Versicherungssachen nicht hierher gehören, denn erstere erlassen einen „Spruch", letztere eine „Entscheidung", welche aber der Rechtskraft fähig ist und bei der mithin alle im Reichstage zu Gunsten der „Urtheile" geltend gemachten Gründe gleichfalls zutreffen. Es liegt kein

---

[1]) Nöldeke, S. 821.

[2]) Auch Kostenfestsetzungsbeschlüsse gehören zu den Urtheilen; and. Meinung Hagen in Gruchot's Beiträgen 43, 856, welcher aber dann das Privileg des Spruchrichters annimmt, wenn gemäß § 103 Abs. 1 C.P.O. vom Amtsrichter die Kosten gleich im Urtheil festgesetzt werden. Eine Haftung des Gerichtsschreibers, welcher nach § 103 C.P.O. hinzugezogen wird, für den Kostenfestsetzungbeschluß ist ausgeschlossen, weil derselbe nur als Gehilfe des Richters handelt, und diese Beihülfe lediglich den inneren Dienst betrifft.

[3]) Nöldeke, S. 821, Kuhlenbeck, B.G.B. zu § 839 Anm. 4; and. Ansicht Hachenburg, Das B.G.B. für das Deutsche Reich. Vorträge, S. 162, und Neumann, Handausgabe zum B.G.B., S. 403 Anm. II 1.

[4]) Hagen, S. 851 hält folgende Ausführung für zulässig: da der Abg. Gröber vornehmlich und ausschließlich auf den Gesichtspunkt der Rechtskraft Gewicht gelegt und die Partei auf die ordentlichen Rechtsmittel verwiesen habe, sei kein innerer Grund vorhanden, solche Entscheidungen, welche in der Form eines Urtheils ergingen, anders zu behandeln, als Beschlüsse, die durch das Rechtsmittel der einfachen oder sofortigen Beschwerde anfechtbar seien, wie auch die Regierungsvertreter hervorgehoben habe, es müsse deshalb der § 839 Abs. 2 B.G.B. auf alle Entscheidungen ausgedehnt werden, die durch Erschöpfung oder Verabsäumung der zulässigen Rechtsmittel rechtskräftig geworden seien. Allein auch diese Auslegung ist noch zu eng, wie unten gezeigt werden wird.

Grund vor, den Ausdruck „Urtheil" auf die Fälle zu beschränken, in denen formell ein „Urtheil" im Sinne der Prozeßordnungen erlassen wird.

Beim Erlaß einer einstweiligen Verfügung, eines Arrestbeschlusses, einer Verfügung in Zwangsvollstreckungssachen u. s. w. „spricht" der Richter in der gleichen Weise „Recht", wie bei Verkündung eines Urtheils. Früher erfolgte die Entscheidung über den Widerspruch gegen die Verpflichtung zur Leistung des Offenbarungseides in Form des „Urtheils", jetzt wird nach § 900 C.P.O. ein Beschluß erlassen. Der Unterschied liegt in prozessual-formellen Gründen, nicht in der Sache selbst. Mit Recht macht Nöldeke S. 821 auf die merkwürdigen Konsequenzen aufmerksam, zu denen die Gegenansicht führen muß. Er sagt: „Wird ein Eid versehentlich durch Beweisbeschluß auferlegt, so haftet der Richter streng, für dieselbe irrthümliche Eidesauflage haftet er jedoch nur bei dolus, wenn sie durch bedingtes Endurtheil erfolgt. Wird der Erlaß eines Versäumnißurtheils abgelehnt, so ergeht ein Beschluß — strengere Haftung; wird dagegen das Versäumnißurtheil erlassen, dann gilt die mildere Haftung. Der Arrest wird durch Beschluß erlassen — strengere Haftung; über den Widerspruch gegen den Arrestbeschluß ergeht ein Urtheil — mildere Haftung." Es ließen sich noch zahlreiche ähnliche Beispiele anführen, in denen ein innerer Grund für die verschiedene Art der Haftung garnicht zu erkennen ist.

Der Beschluß über die Eröffnung des Konkurses steht einem Urtheil gleich.[1])

Die Nichtfeststellung einer Forderung im Prüfungstermin dagegen ist ein Versehen in der Leitung.

Wollte man aber auch unter „Urtheil" diejenigen Entscheidungen verstehen, welche einen Rechtsstreit beenden, so würde diese Auslegung doch zu eng sein. Das Zwischenurtheil (§ 303 C.P.O.) beendet den Rechtsstreit nicht, es kann aber keine Frage sein, daß der Spruchrichter bei Erlaß desselben der milderen Haftung untersteht. Unter dem Begriff „Urtheil" fallen auch diejenigen materiellen Entscheidungen,[2]) welche die Endentscheidung vorbereiten und auf Findung derselben abzielen. Warum soll der Richter, welcher sofort die Entscheidung fällt, privilegirt sein, während ein anderer, welcher vorsichtiger ist und um eine sicherere und bessere Entscheidung zu fällen, erst einen Beweisbeschluß erläßt, bei letzterer Anordnung strenger haftet. Es ist daher falsch, wenn Kuhlenbeck zu § 839 Anm. 4 behauptet, daß z. B. für unrichtige Beweisbeschlüsse, welche eine Partei mit unnützen Kosten belasten, der Richter gemäß § 839 Abs. 1 B.G.B. hafte.

---

[1]) Obertrib. 18. October 1869; Striethh. Archiv 76, 225; and. Ansicht Hinschius, in Behrend's Zeitschrift Bd. 5 S. 298.

[2]) Nur der Inhalt ist privilegirt, nicht die Art der Ausführung z. B. unrichtige Ladung eines Zeugen.

Wie kann man von Unabhängigkeit der Gerichte sprechen, wie kann der Richter frei seines Amtes walten, wenn er beständig damit rechnen muß, wegen jeden Versehens, welches er bei Amtshandlungen begeht, ohne welche das Urtheil nicht erlassen werden kann, von der angeblich geschädigten Partei persönlich in Anspruch genommen zu werden. Der Beweisbeschluß ist meistens ein antizipirtes Urtheil, abhängig von der Bedingung, daß die Aussagen der Zeugen u. s. w. in dem oder jenem Sinne ausfallen.

In Strafsachen steht die einstellende Verfügung des Staatsanwalts,[1] der Beschluß des Gerichts auf Nichteröffnung des Hauptverfahrens u. s. w. einem „Urtheile" gleich, ebenso der amtsrichterliche Strafbefehl. Dasselbe muß von dem Beschluß betr. Eröffnung des Hauptverfahrens gelten.

Eine Ausnahmestellung nimmt der Haftbefehl ein und der Beschluß über Beschlagnahmen und Durchsuchung.[2] Hier greift die schärfere Haftung des Richters Platz.

Selbstverständlich erstreckt sich die Ausnahmevorschrift des § 839 Abs. 2 nicht auf diejenige Thätigkeit des Spruchrichters, welche eine Beurtheilung nicht erfordert.

Nöldeke S. 821 meint, daß unter den Begriff des „Urtheils" in einer Rechtssache alles dasjenige zu subsumiren sei, was sich formell als Urtheil darstelle, die beschränkte Haftung also nicht bloß hinsichtlich der Formel (Tenors) und der Entscheidungsgründe, sondern auch hinsichtlich des Thatbestandes des Urtheils eintrete. Dem kann nicht beigetreten werden. Unrichtige Darstellung des Thatbestandes z. B. fahrlässige Fortlassung von Parteianführungen unterliegt der strengeren Haftung. Hier judizirt der Richter nicht, sondern übt nur eine referirende Thätigkeit aus.

5. Nach § 839 Abs. 2 B.G.B. gilt das Privilegium des Spruchrichters nicht im Falle pflichtwidriger Verweigerung oder Verzögerung der Ausübung des Amtes. Dieser Satz ist überflüssig, da nur der urtheilende Richter bevorrechtigt ist. Bei der Eile, in der das B.G.B. zum Abschluß gebracht ist, mag es übersehen sein, den Satz zu streichen, der in den II. Entwurf nur mit Bezug auf die Worte „bei der Leitung" des 1. Satzes des Absatzes Aufnahme hatte finden können. Es läßt sich der Fall nicht denken, daß der Richter durch einen Urtheilsspruch sich einer Verweigerung oder Verzögerung der Ausübung des Amtes schuldig macht. Durch die Fällung des Urtheils übt er ja gerade sein Amt aus. Soweit die Partei in dem Inhalt der Entscheidung z. B. der Unzuständigkeitserklärung des Gerichts, eine Verweigerung oder Verzögerung der

---

[1] Vergl. oben § 24 S. 73.

[2] Gl. Ansicht Nöldeke, S. 822. Gerade diese Beschlüsse sind bei den Reichstagsverhandlungen wiederholt herangezogen worden, um die Nothwendigkeit einer Einschränkung des Privilegs des Spruchrichters darzuthun.

Sache zu erblicken glaubt, kann sie selbstverständlich gegen den Richter nicht vorgehen wegen pflichtwidriger Verweigerung oder Verzögerung der Ausübung des Amtes.[1])

6. Die Haftung des Spruchrichters erstreckt sich nur auf die Fälle, in welche die Pflichtverletzung mit einer im Wege des gerichtlichen Strafverfahrens zu verhängenden öffentlichen Strafe bedroht ist.[2]) Diese Fassung steht in Uebereinstimmung mit derjenigen des § 543 [5] C.P.O. und der §§ 399 [3] u. 402 [3] St.P.O. Es kommt vor allem die große Kategorie der Amtsdelicte des St.G.B. in Betracht.[3])

§§ 332—333 (Geschenkannahme in Amtssachen oder die Bestechung), 334 (die richterliche Bestechung), 336 (Rechtsbeugung), 339—345; 348—353, 353 a, 354, 355, 357, 174 [2] und [3] St.G.B.

Auszuscheiden sind die lediglich mit disciplinarer Strafverfolgung bedrohten Amtspflichtverletzungen, der § 839 spricht von einer gerichtlichen Strafverfolgung und diese steht im Gegensatz zum Disciplinarverfahren. Wenn es auch im Gesetz nicht ausdrücklich ausgesprochen ist, so liegt in seiner Fassung doch eine Beschränkung der Haftpflicht des Spruchrichters auf die Fälle des dolus.[4]) Allerdings kennt das St.G.B. auch fahrlässige Amtsvergehen, welche mit einer öffentlichen Strafe bedroht sind z. B. § 345 Abs. 2 u. 347 Abs. 2 St.G.B. Indessen wird ein solches Vergehen beim Spruchrichter wohl schwerlich zu konstruiren sein.

Es genügt, daß die Pflichtverletzung mit öffentlicher Strafe **bedroht** ist. Nicht erforderlich ist, daß auf Strafe erkannt[5]) oder auch nur ein Strafverfahren eingeleitet ist. Der Ersatzanspruch ist auch statthaft, wenn die Bestrafung nicht oder nicht mehr möglich, weil z. B. Geisteskrankheit oder Verjährung inzwischen eingetreten ist.

Der Spruchrichter haftet aber in Abweichung vom preuß. Recht prinzipaliter, nicht subsidiär.

7. Die Schadensersatzpflicht fällt dagegen auch beim Spruchrichter fort, wenn der Verletzte selbst schuldhaft versäumt hat, durch Einlegung von Rechtsmitteln das Verschulden des Beamten abzustellen. Der § 839 Abs. 3 B.G.B. trifft also auch hier zu.[6])

---

[1]) Vergl. Nöldeke, S. 823.

[2]) Nicht einmal civilrechtlicher Vorsatz als solcher genügt.

[3]) Die selbst **grobfahrlässige** Entziehung der Freiheit (durch gesetzwidrige Verhaftung oder Verlängerung der Haft) ist im St.G.B. nicht mit Strafe bedroht.

[4]) Vergl. auch Rosenstock, S. 558.

[5]) In der Praxis wird allerdings dieser Fall der häufigste sein.

[6]) Vergl. die näheren Ausführungen im § 16.

§ 25.

Schiedsrichter.[1])

Obwohl das Verhältniß der streitenden Parteien zum Schiedsrichter auf einem Vertrage (receptum) beruht, sind doch im Wesentlichen diejenigen Gründe, welche zu einer Begrenzung der Haftung des Spruchrichters nöthigen, auch für die Stellung des Schiedsrichters und das Maß seiner Verantwortlichkeit maßgebend. Der Schiedsrichter soll nach dem Vertrage den zwischen den Komprommittirenden bestehenden Streit entscheiden, unabhängig wie ein Richter, und er hat zu diesem Behufe im wesentlichen dieselbe geistige Thätigkeit zu entfalten, wie dieser, nur daß, sofern der Schiedsvertrag und das receptum nicht besondere Schranken setzen, die Stellung des Schiedsrichters gegenüber dem materiellen Rechte und dem Prozeßgesetze eine viel freiere ist, als diejenige des Staatsrichters.

Das R.G. (21. 3. 1898; E 41, 251) hat deshalb für das Gebiet des preußischen Rechts angenommen, daß der Schiedsrichter[2]) ebenso hafte wie der staatliche Spruchrichter. Dasselbe wird für das neue Reichsrecht zu gelten haben.[3]) Die Haftung ist indeß eine prinzipale, keine subsidiäre.

Für das gemeine Recht sind die Ansichten getheilt. Daubenspeck (die Schiedsgerichte für Regulirung der Bergschäden S. 43) leitet aus dem von ihm unterstellten Mandatscharacter des receptum die Haftung auch für levis culpa ab, wogegen Weizsäcker (das römische Schiedsrichteramt S. 63 ff.), Mayer (Vereinbarung schiedsrichterl. Rechtsstreitsentsch. S. 60 u. 62) lediglich Haftung für dolus (Rechtsbeugung) annehmen.

§ 26.

Der Gerichtsvollzieher.

Förster-Eccius[4]) vertritt folgende Ansicht:

„Auch wenn eine amtliche Thätigkeit nur auf Anrufen einer Privatperson einzutreten hat, handelt die Staatsbehörde oder der Staatsbeamte nicht in Privatangelegenheiten, sondern kraft der obrigkeitlichen Stellung. Der Beamte übt also nicht statt des Auftraggebers, sondern immer nur im Namen des Staates sein Amt aus. Hieraus

---

[1]) §§ 1025 ff. C.P.O.

[2]) Auch wenn er Staatsbeamter sein sollte.

[3]) Auf den Schiedsrichter finden übrigens die §§ 334—336 St.G.B. Anwendung.

[4]) Preuß. Privatr., Bd. 2 S. 312 Anm. 17.

ergiebt sich, daß der dem Gerichtsvollzieher nach der Civilprozeßordnung ertheilte „Auftrag" zu Zustellungen und Zwangsvollstreckungen nicht die Natur eines Vollmachtsvertrages hat, sondern die öffentlich-rechtliche Voraussetzung einer obrigkeitlichen Thätigkeit ist."

Das Reichsgericht (Plenarentscheidung E 16, 396 ff.) hat sich indeß dieser Auffassung nicht angeschlossen und angenommen, daß das Verhältniß des auftraggebenden Gläubigers und des Gerichtsvollziehers als ein civilrechtliches Mandatsverhältniß anzusehen sei.[1])

Es muß deshalb das Verhältniß des Gerichtsvollziehers gegenüber dem Gläubiger (Auftraggeber) und dasjenige desselben gegenüber dem Schuldner oder Dritten scharf auseinander gehalten werden.

Hinsichtlich des Maßes der Vertretungspflicht gilt folgendes:

Gegenüber der Regreßklage des Gläubigers,[2]) deren Grundlage das Auftragsverhältniß bildet, kommen dem Gerichtsvollzieher die Privilegien der Beamten (nothwendige vorgängige Benutzung aller anderen Rechtsbehelfe, Klagen gegen Dritte u. s. w.) nicht zu statten;[3]) auch bestimmt sich das Maß seiner Haftung nach dem Rechtsverhältnisse des Auftrages.[4])

Soweit der Gerichtsvollzieher lediglich in seiner Eigenschaft als Beamter dem Schuldner oder einem Dritten verantwortlich wird, weil er die ihm als Beamter vorgeschriebenen Pflichten und Rücksichten verletzt, haftet er nach den für diese Fälle gegebenen Normen und sind die für das Maß seiner Haftung und die Zulässigkeit der Regreßklage hinsichtlich der Beamten bestimmten Vorschriften verwendbar.[5]) Wegen etwaiger primärer Haftung des Staates vgl. § 36. Eine Spezialbestimmung ist enthalten in dem Gesetze für Schwarzburg-Sondershausen.

---

[1]) Diese unter der Herrschaft des alten Rechts ergangene Entscheidung ist auch jetzt noch maßgebend.

[2]) Für das Verhältniß des Gerichtsvollziehers zu dem Gläubiger seines Auftragsgebers sind dagegen, auch wenn er von diesem Gläubiger als Drittschuldner in Anspruch genommen wird, die für Staatsbeamte maßgebenden Vorschriften mindestens dann anwendbar, wenn nur der durch eine Vorpfändung vor der wirklichen Pfändung geschaffene Schwebezustand in Frage steht, in welchem von einer Succession des vorpfändenden Gläubigers in die Rechte des Auftragsgebers aus dem dem Gerichtsvollzieher ertheilten Mandat nicht die Rede sein kann. (R.G. in Gruchot's Beitr. 43, 1031.)

[3]) R.G. E. 16, 399—409; 32, 372.

[4]) Vergl. jetzt §§ 662 ff. B.G.B.. Endlich greift die kurze Verjährung (3 Jahre) nicht Platz.

[5]) R.G. bei Gruchot 34, 384. Vergl. jetzt §§ 839—841 B.G.B. Ist der Staat der Geschädigte, so gelten die in § 29 mitgetheilten Bestimmungen.

Fälle aus der Praxis:

1. Ein Gerichtsvollzieher, welcher eine Forderung unter Nichtbeachtung eines ihm vom Schuldner vorgelegten Gerichtsbeschlusses, durch den die einzuziehende Forderung wegen einer Gegenforderung gepfändet und dem Schuldner überwiesen worden ist, vom Schuldner einzieht, macht sich schadensersatzpflichtig, weil er gegen die Vorschrift des § 775 Ziffer 1 und 4 (691) C.P.O. verstößt. Eine Nachprüfung der Frage, ob der Pfändungs- und Ueberweisungsbeschluß vom Vollstreckungsgericht hätte erlassen werden dürfen, steht dem Gerichtsvollzieher nicht zu. Die Annahme, daß die Zwangsvollstreckung vom Gerichtsvollzieher auf Verlangen seiner Auftraggeber auch im Falle des § 775 [4] (691) C.P.O. fortzusetzen gewesen wäre, steht mit dem Eingangsworten des § 775 im Widerspruche und findet auch in der Vorschrift des § 776 keine Stütze.[1])

2. Der Gerichtsvollzieher darf den Erlös zwangsweise versteigerter Sachen an den Gläubiger nicht eher abführen, als die Uebergabe der verkauften Gegenstände stattgefunden hat.[2])

3. Eine Haftung des Gerichtsvollziehers ist angenommen:

a) wegen unterlassener Nachpfändung (R.G. Bolze 6 Nr. 286);

b) wegen unzureichender Pfändung (R.G. Bolze 7 Nr. 274, 1007);

c) wegen falsch mitgetheilten Versteigerungstermins (11. statt 10. Januar) (R.G. Bolze 6 Nr. 288).

d) wegen Belassen der Pfandsachen beim Schuldner dann nicht wenn der Gläubiger Frist ertheilt (R.G. Bolze 3 Nr. 363);

e) wegen Pfändung von Sachen, welche nicht im Besitz des Schuldners sind und zufällig untergehen (R.G. Gruchot's Beitr. 30, 1170); aber der Gläubiger haftet nicht, selbst wenn er auf Freigabe verklagt ist, er aber keine Anweisung gab (R.G. Jur. Wochenschr. 20, 28 Nr. 68 und 69);

f) wegen Pfändung eines Pianos gegen die X. für die Schuld ihrer Tochter; es war auf Abzahlung gekauft (R.G. Bolze 7 Nr. 265);

g) wegen ungenügender Aufbewahrung der Pfandsachen (Schuhe) (R.G. Gruchot's Beitr. 35, 426);

h) wegen nicht sofortiger Aufhebung der Pfändung trotz Auftrages für die Kosten der Klage aus § 771 (690) C.P.O. und der zweiten im guten Glauben bethätigten Zustellung des Kostenfestsetzungsbeschlusses (R.G. B. 14 Nr. 202, 203);

i) wegen Nichtbeglaubigung des Einspruchs (grobes Verschulden, während die Unterlassung des Wiedereinsetzungsgesuches nur ein geringes war) (R.G. Bolze 4 Nr. 234).

4. Keine Haftung des Gerichtsvollziehers ist angenommen:

a) für Verlust des Miethspfandrechts (R.G. Gruchot's Beitr. 27, 864);

b) für unrichtige Vermittelung des Auftrages durch eine Zwischenperson; keine Pflicht zur Rathsertheilung (Annalen des R.G. 7, 508);

c) wenn er das Urtheil vor der Pfändung dem Gegner statt dessen Prozeßbevollmächtigten zustellt (R.G. 3 Nr. 250);

---

[1]) R.G. 18. Juni 1894, E. 33, 290.

[2]) R.G. E. 35, 270.

d; wenn er den Wechselprotest zwar falsch, aber der bisherigen oberstrichterlichen Rechtsprechung gemäß bethätigt (Unterlassung der Nachfrage bei der Polizei) (R.G. Bolze 5 Nr. 327);

e) wenn er den Wechsel zwar falsch protestirt, aber im Auftrage des Nachmannes, und der Vormann ohne Cession klagt (R.G. Bolze 6 Nr. 217), auch wenn der Vormann aus Versehen seinem Nachmann den Wechsel abnahm (R.G. Bolze 4 Nr. 125, 598).

§ 27.

Der Notar.[1])

Der Notar ist der Regel nach unmittelbarer Staatsbeamter.[2]) Gleichwohl kann der § 839 B.G.B. auf ihm keine uneingeschränkte Anwendung finden. Die Verhältnisse liegen hier ebenso, wie beim Gerichtsvollzieher. Der Partei, auf deren Antrag der Notar thätig wird, haftet er auf Grund des Mandates, also prinzipaliter. Werden aber durch die Amtshandlung des Notars, z. B. durch Aufnahme einer unrichtigen Erbbescheinigung, Dritte geschädigt, so haftet der Notar nur gemäß § 839 B.G.B., also insbesondere nur subsidiär.

Nach Art. 101 des preuß. Gesetzes über die freiwillige Gerichtsbarkeit vom 21. 9. 1899 (G.S. S. 249) versieht der Vertreter des Notars das Amt des Vertretenen unter dessen und seiner eigenen Verantwortlichkeit. Der auftraggebenden Partei sowohl wie Dritten[3]) gegenüber haften also beide (Notar und Vertreter) für Versehen des Vertreters als Gesammtschuldner. Dem Vertretenen steht aber der Regreß gegen den Vertreter.[4])

Eine gleiche Bestimmung findet sich in dem Notariatsgesetze Baierns.

Auch ist hier der Notar für die zu seiner Unterstützung bei seinem Notariatsgeschäfte angenommenen Gehilfen verantwortlich. In Baiern haftet für Versehen der Notare u. s. w. der Staat primär.[5])

Praktische Fälle:

1. Der Notar haftet zwar, wenn er bei der Vertragsbestimmung über die den anderen Kindern gemachten Zuwendungen der der Absicht der Vertragschließenden nicht entsprechenden Ausdruck Erben statt Kinder gewählt hat, auf Ersatz der den Ascendenten dadurch entzogenen Berechnung eines niederen Stempels (preuß. Ges. vom 22. Juli 1861, § 1[a]) — als Beamter, aber auch nur subsidiär (§ 91 II, 10 A.L.R.). Der Kläger ist abgewiesen, weil er nach dem Vertrage Ersatz der

[1]) Vergl. Entsch. des preuß. Obertr. 84, 336.

[2]) Werner und Kroschel, Deutsch-preuß. Notariat, S. 7.

[3]) Auch dem Stempelfiskus gegenüber für nicht verwendete Stempel.

[4]) Stenogr. Ber. des Abg.-Hauses 1899, S. 34325.

[5]) Vergl. unten Bayern, Bremen und Reuß j. L. im § 36.

aufgewendeten Kosten von seinen Mitkontrahenten fordern kann, wenn schon diesem der Notar haften mag (R.G. Bolze 2 Nr. 564).

2. Der Notar, welcher gefälschte Unterschriften versehentlich beglaubigt hat, haftet wegen Schadensersatz, wenn auf Grund der Urkunden mit den gefälschten Unterschriften Werthpapiere an eine nicht legitimirte Person ausgehändigt werden, jedenfalls nur subsidiär gemäß § 91 II, 10 A.L.R. (R.G. in Gruchot's Beitr. 43, 1043).

2a. Ein Notar, welcher das Attest über die Echtheit der Unterschrift einer Cessionsurkunde ausgestellt hat, wesentlich auf die Erklärung seines Bureauvorstehers, die sich zur Unterschrift bekennende Person sei die in der Urkunde als Ausstellerin bezeichnete, während er den Umständen nach annehmen mußte, jene Person sei dem Bureauvorsteher nicht bekannt, wurde der durch das objectiv falsche Attest getäuschten dritten Personen zum Schadensersatz verurtheilt (§§ 88, 89 II, 10 A.L.R.), weil er die noch giltigen Vorschriften der Allg. Ger.-Ordnung II, 2 § 23 über Rekognition nicht beachtet hatte (R.G. 26. März 1885, Bolze 1 Nr. 527).

3. Trotz des in einer Notariatsurkunde enthaltenen, auf Grund ungenügender Information erfolgten unrichtigen Vermerks, „von Person bekannt" ist die Haftung des an sich schuldigen Notars abgelehnt, weil der Beschädigte, obwohl er der Cessionarin eine hohe Summe auszahlen mußte, es unterlassen hat, sich über die Person derselben ausreichend zu vergewissern, und es daher seiner eigenen Nachlässigkeit zuzuschreiben, daß er an die falsche Person gezahlt hat (R.G. Bolze 5 Nr. 329).

4. Der Notar, welcher es übernommen hatte, die Sicherheit einer Hypothek zu prüfen, auf welche Kläger das Darlehn hergeben wollte und auf die Empfehlung des Notars hergegeben hat, und die Anlage als sicher empfohlen hatte, ist zum Schadensersatz verurtheilt, weil er die Verpflichtung hatte, auch wenn er bei Prüfung eines eingetragenen Vorzugsrechs zu der Ansicht gelangte, daß dasselbe erloschen sei, seinem Auftraggeber nicht vorzuenthalten, daß nach der unzweifelhaft herrschenden Rechtsprechung vielmehr der Fortbestand jenes Vorzugsrechts angenommen werden müsse (R.G. Bolze 4 Nr. 203).

§ 28.

Der Rechtsanwalt und öffentliche Sachverständige.

a) Rechtsanwälte haben nach heutigem Recht nur in strafrechtlicher Beziehung noch einen Amtscharacter.

1. Nach gemeinem Recht haften sie aus dem Mandat (Vollmachtsvertrag), also prinzipaliter, nicht subsidiär, wie der Beamte. Der Anspruch des Beschädigten unterliegt auch nicht der Verjährung außerkontractlicher Forderungen. Streitig ist, ob sie nur für dolus und culpa lata oder für omnis culpa oder für diligentia quam quis suis rebus adhibet haften. Die l. 13 Cod. IV, 35 entscheidet aber für die Haftpflicht aus omnis culpa. Rechtsirrthum dagegen ist von ihnen nicht vertretbar, wenn das

Gericht dadurch nicht gehindert wurde, den richtigen Rechtssatz anzuwenden.[1])

2. Auch nach **preußischem** Recht haftet der Anwalt als Mandatar, obschon er vom älteren preußischen Recht als Beamter angesehen wurde, aber als ein Beamter, der im Namen der Partei, nicht im Namen des Staates einen Act staatlicher Hoheit üben sollte.[2])

Der Offizialmandatar hat keine Ausnahmestellung. Der einer Partei im Civilprozeß gemäß §§ 114 ff. C.P.O. u. §§ 33 u. 34 der Rechtsanwaltsordnung vom 1. Juli 1878 (R.G. Bl. S. 177) beigeordnete Anwalt bedarf wie jeder andere der Beibringung einer Vollmacht, so daß das Verhältniß, in dem er steht, klar zu Tage tritt. Bei dem Rechtsanwalt, der im Strafprozeß einem Angeschuldigten als Vertheidiger zugeordnet wird, liegt die Sache anders, doch hat auch hier die Praxis[3]) Haftung nach den Grundsätzen des Vollmachtsvertrages angenommen.

Der Rechtsanwalt haftet für omnis culpa (§ 28 der Rechtsanwaltsordnung[4]). Unrichtig meint Förster-Eccius, Bd. 2 S. 508 Anm. 2, daß §§ 57 u. 58 I, 13 A.L.R. Anwendung finde, der Anwalt also für geringes Versehen hafte, wenn er Honorar erhalte, für grobes dagegen, wenn er ohne Entgelt z. B. als Offizialanwalt arbeite.

c) Nach dem B.G.B. haftet der Rechtsanwalt ebenfalls als Mandatar.

Der Anwalt kann sich verantwortlich machen für das Prozeßobjekt durch Nichtnutzung oder Verspätung des Rechtsmittels und den dadurch herbeigeführten Verlust des Prozesses, wenn z. B. der Einwand der Zahlung begründet und ihm die Thatsachen mitgetheilt waren;[5]) durch Versäumen rechtzeitiger Erhebung der an eine Frist gebundenen Klage (Verschulden durch Nichtinformiren des substituirten Anwalts über die Frist[6])), auch durch Nichterheben des Protestes, wenn ihm die Beitreibung einer Wechselforderung aufgetragen war, welche den Protest voraussetzt.[7])

Vielfach ist die Frage, ob diligentia prästirt ist, nur konkret zu entscheiden.

Die Vertretungspflicht des Anwalts aus einer Prozeßführung

---

[1]) Förster-Eccius, Preuß. Privatr. 3, 508; Arnold, Practische Erörterungen H. 3, S. 402; Seuser, Annalen XIV, 147.

[2]) R.G. bei Gruchot 32, 976.

[3]) Entsch. des Obertr. 45, 44.

[4]) R.G. 20. 4. und 9. 10. 1883, Annalen 8, 87 und 510.

[5]) Obertr. Entsch. 45, 44.

[6]) R.G. E. 10, 136.

[7]) And. Ans. Obertr. in Strieth. Arch. 37, 311, aber die Gründe sind nicht zureichend; vergl. Rehbein, Entsch. des Obertr. Bd. 2 S. 600 Anm.

z. B. Versäumung der Einlegung eines Rechtsmittels wird nicht schon durch sein Versäumniß, sondern erst durch den seitens der geschädigten Partei zu erbringenden Nachweis begründet, daß ohne diese Versäumniß bei einem Fortgange des Prozesses in den zulässigen ferneren Instanzen eine günstige Entscheidung mit genügender Wahrscheinlichkeit[1]) sich habe erwarten lassen.[2])

Assoziirte Anwälte haften solidarisch.[3]) Bei Versehen seines Generalsubstituten haftet der Rechtsanwalt nur für culpa in eligendo (R.G. Bolze 23, Nr. 262).

Bezüglich der Haftung für Handlungen der Angestellten des Rechtsanwalts sagt das Reichsgericht:[4])

„Der Rechtsanwalt, obwohl er nicht Staatsbeamter ist, hat eine Stellung öffentlich-rechtlicher Natur. Vermöge gesetzlicher Bestimmung nimmt er wesentlich theil an der Uebung der Rechtspflege und den von ihm vorgenommenen Acten ist eine gewisse Legalität und Authentizität beigelegt. Seine Thätigkeit ist bestimmt, dem Publikum überhaupt zu dienen, wenn er auch einzelne Anfragen ablehnen darf, und er übt seinen Beruf und übernimmt dessen Pflichten gegenüber dem Publikum, nicht bloß gegenüber Einzelnen, deren Aufträge er ausdrücklich angenommen hat, und nicht bloß für einzelne bestimmte Geschäfte. Er hat Berufspflichten allgemeiner Art, und zu diesen gehört die Pflicht, daß er diejenigen aus dem Publikum, welche sich in seinen Berufsangelegenheiten an ihn wenden, nicht durch seine Handlungen und Unterlassungen in einem durch ihn abwendbaren Schaden bringt, auch wenn er nicht civilrechtlich sich gegen die betreffenden Personen zu einer Handlung oder Unterlassung verbindlich gemacht hat. Die Stellung des Bureauvorstehers bringt es mit sich, daß er mit dem Publikum verkehrt. Im Streitfalle wußte der Rechtsanwalt, daß Zahlungen, welche an den Rechtsanwalt selbst geschehen sollen, in dessen Abwesenheit im Geschäftslokale an den Bureauvorsteher geleistet zu werden pflegen. Der Anwalt mußte daher bei der Bestellung des Bureauvorstehers erwarten und voraussehen, daß auch an diesem ohne dessen Legitimation anstatt an ihm selbst Zahlungen geleistet würden, und jene allgemeine, gegen das Publikum ihm obliegende Pflicht hat die Folge, daß er den Bureauvorsteher, abgesehen von dem ausdrücklich demselben aufgetragenen Geschäften, auch bezüglich der vorauszusehenden, nach den Gepflogenheiten des Publikums vorkommenden Geschäften z. B. Zahlungen einer Prozeßpartei, mit möglicher Sorgfalt aussuchen und beaufsichtigen mußte, sodaß durch die Untüchtigkeit des Bureauvorstehers aus den mit

---

[1]) Eine absolute Gewißheit wird nicht erlangt werden können.

[2]) Entsch. des Obertr. 45, 444 und 65, 370; Urth. des Obertr. in Gruchot's Beiträgen 19, 866.

[3]) R.G. bei Bolze 6 Nr. 483 und 484.

[4]) E. 14, 285.

diesen verhandelten Geschäften kein Schade erwuchs. Wenn der Anwalt einen Bureauvorsteher fünf Monate nach erlangter Kenntniß von dessen Unredlichkeit noch im Dienste behält, so hat er sich eines groben Versehens schuldig gemacht und ist für den durch Unterschlagungen des Bureauvorstehers an den von einem Mandanten zur Auszahlung an den Prozeßgegner eingezahlten Geldern verursachten Schaden verantwortlich."

b) Oeffentliche Sachverständige.

Nach Art. 79 Einf.-Gesetz z. B.G.B. bleiben unberührt die landesgesetzlichen Bestimmungen, nach welchem die zur amtlichen Feststellung des Werthes von Grundstücken bestellten Sachverständigen für den aus einer Verletzung ihrer Berufspflicht entstandenen Schaden in weiterem Umfange als nach dem B.G.B. haften.

Für Baiern kommen in Betracht die Art. 87 und 88 A.G. z. B.G.B. Vgl. auch § 1508 Gesetzb. f. das Kgr. Sachsen.

In das B.G.B. sind in Uebereinstimmung mit dem preuß. Landrecht und dem französischen Recht besondere Bestimmungen über die Haftung der öffentlich angestellten Sachverständigen und Schätzer wegen Verletzung der Berufspflicht nicht aufgenommen.[1]) Man hat die allgemeinen Grundsätze (§§ 823 ff.) für ausreichend gehalten. Hat der Sachverständige Beamtenqualität, so beurtheilt sich die Haftbarkeit nach § 839 B.G.B.

Vgl. die einschlägigen practischen Fälle in § 37.

Abschnitt II. Haftpflicht des Beamten gegenüber dem Staat usw.

§ 29.

Der Staat als direkt Geschädigter.

Ist nicht ein Dritter der durch die pflichtwidrige Amtshandlung Geschädigte, sondern der Staat oder die Korporation, in deren Diensten der Beamte steht, so kommt nicht § 839 B.G.B.[2]) zur Anwendung, sondern das öffentliche Recht[3]) des betreffenden Bundesstaates.[4])

---

[1]) Motive Bd. II, S. 828.

[2]) Irrthümlich meint Scholz, S. 375, daß § 823 B.G.B. Anwendung finde. Es handelt sich aber nicht um ein privatrechtliches Verhältniß.

[3]) Art. 80 Einf.-Gesetz zum B.G.B.

[4]) Wegen der Reichsbeamten siehe § 5 a. E. Die Schadensersatzpflicht eines Reichsbeamten gegenüber dem Reiche richtet sich nach den maßgebenden Landes-Gesetzen (R.G. Bolze 6 Nr. 810).

In Preußen gelten, abgesehen von der Rheinprovinz, in dieser Beziehung noch die §§ 88—91, 127—145 II, 10 A.L.R.,[1]) ebenso im Gebiete des französischen Rechts die oben im § 9 unter d mitgetheilten Vorschriften;[2]) und zwar auch bezüglich der mittelbaren Staatsbeamten.[3])

Nach gemeinem Recht haftet der Beamte für omnis culpa (R.G. bei Bolze 19, Nr. 263); nach preuß. Recht haftet er für die Verletzung jeder Amtspflicht, nicht bloß der ihm gegenüber einem Dritten obliegenden (§ 839 B.G.B.). Bezüglich des Spruchrichters gelten die Ausführungen im § 24 unter I a u. b.

Die Haftpflicht der Beamten ist auch hier eine subsidiäre.

Die Verweisung auf die Kaution eines anderen haftbaren Beamten greift nicht Platz, wenn der Staat aus anderweitigen Dienstwidrigkeiten Ansprüche hat, welche aus der Dienstkaution zu decken sind (R.G. Bolze 5, Nr. 324).

Derjenige Beamte, welcher den Fiskus beschädigt hat, kann sich auf das miteintretende Verschulden der das Staatsvermögen verwaltenden Beamten zur Aufhebung seiner Entschädigungspflicht gegen den Fiskus nicht berufen (Obertrib. Entsch. 3, 37).

Der Fiskus hat keinen Schadensersatzanspruch gegen den Beamten wegen Auszahlung nicht geschuldeter Beträge, wenn der Fiskus im Vorprozeß mit der Rückforderung zu Unrecht abgewiesen ist und kein Rechtsmittel ergreift.[1])

Die Verjährung des Anspruchs gegenüber dem schuldigen Beamten ist nicht die kurze von 3 Jahren, sondern die ordentliche von 30 Jahren (§ 546 I, 9 A.L.R.).

Die Preußischen Minister sind nach der Verfassung persönlich für Etatsüberschreitungen verantwortlich. Auf diese Verantwortlichkeit allein bezieht sich die nachträgliche Genehmigung von Etatsüberschreitungen seitens des Landtages. Die vermögensrechtl. Ansprüche des Staates gegen einen Verwaltungsbeamten, welche sich bei seiner amtlichen Handlung durch Abweichung von den Voranschlag verantwortlich gemacht hat, werden dadurch nicht beseitigt (R.G. 16. April 1885, Bolze 1 Nr. 533).

§ 30.

Der Staat als Regreßnehmer.

Hat der Staat (oder die Korporation) auf Grund seiner principalen Haftpflicht den dem Dritten erwachsenen Schaden er-

---

[1]) Dieselben sind in § 9 unter b und in § 14 unter b abgedruckt Vergl. auch Motive z. preuß. A.G. z. B.G.B. zu Art. 89.

[2]) R.G. 7. 3. 1899, E. 43, 335.

[3]) R.G. 5. 11. 1891, E. 28, 335.

[4]) R.G. 13. 6. 1884 in Wallmann's Zeitschrift 84, 360.

statten müssen, so kann er den Beamten wegen der verauslagten Summe in Anspruch nehmen. Auch hier gilt das öffentliche Recht der verschiedenen Bundesstaaten. Wegen der Regreßklage gegenüber den Grundbuchbeamten vgl. § 22.

In Preußen ist abgesehen hiervon eine Regreßklage des Staates gegen seine Beamten nicht gegeben, dasselbe gilt von den andern oben in § 8 erwähnten Bundesstaaten.

Die Bestimmungen des Rechts der übrigen Bundesstaaten sind im § 36 wiedergegeben. Die Anwendung desselben dürfte keine Schwierigkeiten bieten.

Theil III. Die Geltendmachung des Schadensersatzanspruchs.

§ 31.

Auf dem Wege der ordentlichen Klage.

1. Die Schadensersatzansprüche des Geschädigten gegen den Beamten oder gegen den Staat sind vor den ordentlichen Gerichten im Wege der Klage geltend zu machen. Zuständig sind die Landgerichte ohne Rücksicht auf den Werth des Streitgegenstandes:

a) für die Ansprüche gegen Reichsbeamte wegen Ueberschreitung ihrer amtlichen Befugnisse oder wegen pflichtwidriger Unterlassung von Amtshandlungen (§ 70 Abs. 2 Ziffer 1 G.V.G.),

b) für die Ansprüche gegen den Landesfiskus[1]) wegen Verschuldung von Staatsbeamten (§ 39 Ziffer 2 preuß. A.G. z. G.V.G.). Für Ansprüche gegen den Reichsfiskus und andere öffentlich-rechtlichen Korporationen bleibt die gewöhnliche Zuständigkeit, also bei einem Object bis 300 Mark Amtsgericht, sonst Landgericht,

c) für die Ansprüche gegen öffentliche Beamte wegen Ueberschreitung ihrer amtlichen Befugnisse oder wegen pflichtwidriger Unterlassung[2]) von Amtshandlungen (§ 39 Ziffer 3 preuß. A.G. z. G.V.G.

---

[1]) In Elsaß-Lothringen, Bayern, Württemberg, Sachsen, Mecklenburg und Hamburg sind ebenfalls die Landgerichte ausschließlich zuständig.

[2]) Ansprüche gegen den Gerichtsvollzieher aus dem bloßen Auftragsverhältniß (z. B. auf Rückzahlung eines Vorschusses, Herausgabe eines zur Zwangsvollstreckung übergebenen Wechsels) charakterisiren sich dadurch nicht ohne Weiteres als Ansprüche aus pflichtwidriger Unterlassung (R.G. E. 32, 372). Dasselbe gilt von den Notaren. Kommen sie aber als Beamte in Betracht, vergl. § 26 und 27, so findet § 39 [3] A.G. z. G.V.G. Anwendung (R.G. in Gruchot's Beitr. 43, 1033).

Unter dem Ausdruck: „Ueberschreitung der amtl. Befugnisse und pflichtwidrige Unterlassung von Amtshandlungen" fallen alle Ansprüche wegen pflichtwidrigen Verhaltens der Beamten.[1])

Die Zuständigkeit des Landgerichts ist auch dann gegeben, wenn der Beamte inzwischen (d. h. bis zur Erhebung der Klage) die Beamteneigenschaft verloren hat.[2])

Die Klage ist zu erheben gegen den Beamten in dessen allgemeinen Gerichtsstande, weil der Anspruch rein persönlicher Natur ist,[3]) gegen den Staat (Verband u. s. w.) an dem Sitz derjenigen Behörde, welche den Fiskus u. s. w. für den Amtssitz des schuldigen Beamten zu vertreten hat.

In Preußen ist bei Versehen des Grundbuchrichters dasjenige Landgericht zuständig, in dessen Bezirk das Oberlandesgericht, dessen Staatsanwaltschaft den Justizfiskus zu vertreten berufen ist, seinen Sitz hat, und zur Vertretung des Justizfiskus ist die Staatsanwaltschaft bei demjenigen Oberlandesgericht berufen, in dessen Bezirk das Gericht, bei welchem das Versehen vorgefallen ist, belegen ist.[4])

2. Die Syndikatsklage,[5]) gewöhnlich Regreß- oder Ersatzklage genannt, unterscheidet sich garnicht von anderen Klagen. Allerdings wird dem Geschädigten durch das Verlangen des Nachweises einer Pflichtwidrigkeit seine prozessuale Lage erheblich erschwert. Nicht nur dann, wenn Amtshandlungen in Frage stehen, für welche der Schutz des Amtsgeheimnisses besteht, sondern auch in vielen anderen Fällen wird es dem Kläger schwer sein, das zur Substantirung seiner Klage erforderliche Material sich zu verschaffen. Um zu eruiren, welcher Umstand die Pflichtwidrigkeit involvirt, welchem individuellen Beamten dieselbe zur Last fällt, müßte Kläger in das Innere der Geschäftsführung eindringen. Den nämlichen Schwierigkeiten würde derselbe bei Sammlung der Beweismittel begegnen.

Man hat deshalb für die Syndikatsklage eine Art Offizial-

---

[1]) R.G. 13. Dez. 1897, E. 40, 202.

[2]) R.G. E. 33, 244.

[3]) Dies gilt auch für die Regreßklage des Staates gegen den Beamten. Gegen die Zulässigkeit des Gesichtspunktes des Gerichtsstandes (§ 32 C.P.O.) der unerlaubten Handlung spricht sich aus ein Erkenntniß bei Seuffert, Archiv 39, Nr. 49.

[4]) Preuß. Gesetz vom 14. März 1885 (G.-S. S. 65) und Allg. Verfügung des preuß. Justizministers vom 23. März 1885 (J.-M.-Bl. S. 119).

[5]) Eine Klage auf vorläufige Feststellung der Vertretungspflicht des Beamten galt der Praxis des älteren Rechts für unzuläßig (Präjudiz des Obertr. Nr. 504; Sammlung I, 206). Jetzt hängt ihre Zuläßigkeit von der Voraussetzung des § 256 (231) C.P.O. „rechtliches Interesse der alsbaldigen Feststellung" ab.

verfahren vorgeschlagen.[1]) In Oesterreich[2]) wird regelmäßig gegen den schuldigen Beamten ein Disciplinarverfahren eingeleitet, dessen Ermittelungen dem Ersatzkläger zugänglich sind; auch braucht Kläger außer der Angabe des erlittenen Schadens nur die die Rechtsverletzung selbst ergebenden Thatsachen, aus welchen er seine Ansprüche herleitet, nicht auch diejenigen Facta zu bezeichnen, in welchen die Uebertretung einer Amtspflicht enthalten ist.

Unter der Herrschaft der deutschen Civilprozeßordnung wird der Richter die Verpflichtung des Klägers zur prozessualen Substantirungs- und Beweispflicht nicht mit voller Strenge behandeln dürfen.[3]) Auch hier muß der Grundsatz des A.L.R. Einl. § 89 gelten: „Wem die Gesetze ein Recht geben, dem bewilligen sie auch die Mittel, ohne welche dasselbe nicht ausgeführt werden kann."

Nach dem österr. Gesetze vom 12. Juli 1879 § 16 ist über Thatsachen, bezüglich welcher den Beamten die amtliche Pflicht der Verschwiegenheit obliegt, der Beweis durch den Eid dieser Beamten unzulässig.

Das Reichsgericht (Jur. Wochenschrift 1889 S. 206) hat angenommen, daß auch kriminell strafbare Handlungen von der Eideszuschiebung nicht ausgeschlossen seien. Der Beamte wird also nach der C.P.O. die Eideszuschiebung durch den Hinweis auf sein Amtsgeheimniß nicht beseitigen können. Wird ein anderer Beamte als Zeuge vernommen, so entscheidet § 376 (341) C.P.O.

In Preußen gilt noch folgende Besonderheit:

Es bestimmt § 6 des Gesetzes über die Zulässigkeit des Rechtsweges in Bezug auf polizeiliche Verfügungen vom 11. Mai 1842 (G.S. S. 192):

„Wird eine polizeiliche Verfügung im Wege der Beschwerde als gesetzwidrig oder unzulässig aufgehoben, so bleiben dem Betheiligten seine Gerechtsame nach den allgemeinen gesetzlichen Bestimmungen über die Vertretungsverbindlichkeit der Beamten vorbehalten."[4])

Aus dieser Vorschrift hat der preußische Gerichtshof zur Entscheidung der Kompetenzkonflicte[5]) gefolgert, daß das ordentliche

[1]) von Völderndorff, Syndikatsklage im Archiv für praktische Rechtswissenschaft N.-F. Bd. 12, S. 32 ff.

[2]) Gesetz vom 12. Juli 1872.

[3]) Auch die Dienstbehörde des Beamten wird in der Vorenthaltung des Inhalts ihrer Acten nicht allzu rigoros sein dürfen, jedenfalls aber den Namen des schuldigen Beamten mittheilen müssen. Vergl. auch § 14 unter I und wegen der Postbeamten § 35.

[4]) Die Ansicht von Jastrow in Gruchot's Beiträgen 30, 332, daß der § 6 durch § 11 Abs. 2 E.-G. zum G.V.G. beiseitigt sei, ist unzutreffend. Vergl. auch R.G. E. 18, 123 und 20, 295.

[5]) Urtheil vom 10. März 1900 in der Deutsch. Jur. Zeitung von 1900, S. 506. In dem betr. Falle hatte der wegen Schadensersatz be-

Gericht mit Regreßansprüchen gegen Beamte solange überhaupt nicht befaßt werden darf, bis die Verfügung, gemäß §§ 127 ff. des Gesetzes vom 30. Juli 1883 (G.S. S. 195), durch die Verwaltungsbehörde beseitigt ist, daß also bis dahin der Rechtsweg schlechthin unzulässig ist. Zur Eröffnung des Rechtsweges ist zwar nicht gerade eine formelle Aufhebung der polizeilichen Verfügung nothwendig, aber es ist daran festzuhalten, daß es jedenfalls einer Feststellung der zuständigen Verwaltungsbehörde bedarf, daß die Verfügung gesetzwidrig oder unzulässig war, und daß diese Feststellung dadurch nicht überflüssig wird, daß die Polizeibehörde, von welcher die Verfügung erlassen ist, dieselbe später selbst außer Wirksamkeit gesetzt hat, sodaß eine formelle Aufhebung nicht mehr in Frage kommen kann.[1])

Der § 6 a. a. O. findet nach § 131 des Gesetzes vom 30. Juli 1883 auch Anwendung, wenn eine polizeiliche Verfügung im Verwaltungsstreitverfahren durch rechtskräftiges Endurtheil aufgehoben worden ist.

Die Anwendbarkeit des § 6 ist nach § 1 Abs. 2 desselben Gesetzes dadurch bedingt, daß die Verletzung eines zum Privateigenthum gehörenden Rechts behauptet wird.[2])

Auch in den Fällen, in denen nach § 6 a. a. O. der Rechtsweg zulässig ist, kann ungeachtet der Aufhebung der polizeilichen Verfügung der Konflict nach Maßgabe des Gesetzes vom 13. Febr. 1854 erhoben werden.[3])

Unter „polizeilichen Verfügungen" im Sinne des Gesetzes vom 11. Mai 1842 sind zu verstehen Verfügungen polizeilichen Inhalts, welche von einer Polizeibehörde in Ausübung der Polizeigewalt an bestimmte (natürliche oder juristische) Personen erlassen sind. Polizeibehörden sind die Orts- und Kreispolizeibehörden, die Landespolizeibehörden sowie verschiedene andere mit polizeilichen Functionen betraute Behörden z. B. die Bergpolizeibehörden, die Festungsbehörden.

Das Gebiet der polizeilichen Verfügungen ist nicht scharf begrenzt, es beschränkt sich nicht auf die Sicherheitspolizei, sondern umfaßt alle Angelegenheiten der allgemeinen inneren Verwaltung, welche nicht zu den Hoheits- und Finanzsachen gehören, insbesondere Angelegenheiten, welche die Fürsorge für das Gemeinwohl, dem Verkehr auf öffentlichen Wegen und Gewässern, den Schutz der Gewerbe, Häuser, Felder und Wälder u. s. w. betreffen.

---

klagte Polizeibeamte, um den Weiterbetrieb einer Schankwirthschaft zu hindern, die Schankwirthschaftsutensilien in polizeil. Gewahrsam genommen, sie aber später freiwillig wieder herausgegeben.

[1]) Vergl. M.-Bl. f. d. i. V. 1876, S. 234 und 1884, S. 45.

[2]) Droop, Rechtsweg in Preußen, S. 72.

[3]) Entsch. d. O.V.G. Bd. 1 S. 319. Vergl. auch unten § 33 A.

Die polizeilichen Verfügungen enthalten entweder ein Gebot (Anordnung einer Handlung) oder ein Verbot (Anordnung einer Unterlassung); sie können aber auch einen anderen Inhalt haben z. B. Genehmigung einer Anlage. Sie sind an keine Form gebunden und können auch mündlich erlassen werden.[1]) Es gehören hierher Polizeiverordnungen (§§ 136 ff. des Gesetzes vom 30. Juli 1883); ferner das unmittelbare thätige Eingreifen des Trägers der Polizeigewalt, sowie die von einem unteren Beamten (Schutzmann, Gendarm[2])) getroffenen Anordnungen.[3])

§ 32.

Auf anderem Wege.

a) Durch § 82 preuß. A.G. z. G.V.G. sind die Bestimmungen, nach welchen Gerichtsbeamte zum Ersatz von Schäden und Kosten im Aufsichtswege angehalten werden können, aufgehoben.

Nach § 102 (97) C.P.O. können Gerichtsschreiber.... Rechtsanwälte u. andere Bevollmächtigte, sowie Gerichtsvollzieher durch das Prozeßgericht auch von Amtswegen zur Tragung derjenigen Kosten verurtheilt werden, welche sie durch grobes Verschulden veranlaßt haben.

Die Entscheidung kann ohne mündliche Verhandlung erfolgen. Vor der Entscheidung ist der Betheiligte zu hören.

Gegen die Entscheidung findet sofortige Beschwerde statt.

b) Defecte:[4])

Der Begriff Defecte ist gesetzlich nicht definirt, aber in der Praxis des Verwaltungsrechts festgestellt. Man versteht darunter den Fall, daß der thatsächliche Bestand einer Kasse oder eines Magazins geringer ist, als der rechnungsmäßige Sollbestand. Der Begriff des Defectes ist daher weiter als der der Unterschlagung; er umfaßt auch das Manko, welches durch Sorglosigkeit des Beamten, welchem die Obhut über die Kasse oder das Magazin obliegt, entstanden ist. Andererseits fällt aber nicht darunter der

---

[1]) Urtheil des Komp.-Ger. vom 30. 6. 1900 (Deutsch.-Jur.-Zeitung 1901 S. 31).

[2]) Die von einem Gendarm zur Ausführung eines strafgerichtlichen Urtheils vorgenommene Beschlagnahme ist nicht eine polizeiliche Verfügung im Sinne des Ges. vom 11. Mai 1842 (Urtheil des Komp.-Ger. vom 28. 6. 1879; M.-Bl. f. d. i. V. S. 260).

[3]) Droop, S 67.

[4]) Vergl. Preuß. Verordnung vom 24. 1. 1844 (G.-S. S. 52), welche nach der Verordnung vom 23. 9. 1867 (G.S. S. 1619) auch in den neuen Landestheilen gilt; und bezüglich der Reichsbeamten das Reichsbeamtengesetz §§ 134 ff.

Fall, wenn der Beamte aus der Kasse oder dem Magazin Ausgaben gemacht hat, welche nicht hätten gemacht werden sollen, oder wenn er sie an einem nicht gehörig legitimirten Empfänger gemacht hat und dgl., sofern nur Zahlung oder Verausgabung rechnungsmäßig erfolgt oder mit Belägen nachgewiesen ist.[1])

Es macht keinen Unterschied, ob der Defect Reichs-, Staats- oder Privatvermögen betrifft.

Der Defect ist durch die vorgesetzte Behörde[2]) gegen den Beamten, nicht aber dessen Erben,[3]) festzustellen und der Beschluß ist vollstreckbar gegen den Beamten, sofern er als untreu überführt oder sich eines groben Versehens schuldig gemacht hat, vorbehaltlich des Rechtsweges binnen Jahresfrist.

Liegen die Voraussetzungen eines Defectbeschlusses nicht vor, so ist die ordentliche Klage seitens des Fiskus zu erheben (R.G. Bolze 1, Nr. 591).

c) Der Staat kann auch das Gehalt des Beamten einbehalten oder sich aus der Kaution desselben befriedigen, wenn er Schadensersatzansprüche gegen denselben hat. Auf diese Weise wird der Beamte gezwungen, seinerseits klagend gegen den Fiskus vorzugehen, falls er sich im Recht glaubt.

§ 33.

Schutzmittel gegen Mißbrauch des Klagerechts.

A. Vorentscheidung einer Verwaltungsbehörde.

Nach dem Recht einzelner Bundesstaaten ist der Anspruch auf Schadensersatz wegen Verletzung der Amtspflicht entweder im Falle des Verlangens einer vorgesetzten Behörde oder unbedingt an die Vorentscheidung einer besonderen Behörde gebunden.[4]) In Betracht kommen dabei folgende Staaten:[5]) Baiern, Hessen, Elsaß-Lothringen, Baden und Preußen.

Bei Reichsbeamten ist diese Vorentscheidung gemäß § 13 des Reichsbeamtengesetzes unzulässig.

In Preußen gilt nach dem Gesetze vom 13. Febr. 1854[6]) (G.S. S. 86) folgendes:

---

[1]) Laband, Staatsrecht I, S 1.44 und Erk. des preuß. Gerichtshofes zu Entsch. der Kompetenzkonflicte vom 25. 10. 1856 (J.-M.-Bl. S. 54).

[2]) A.-G. z. B.G.B. § 82 und § 32[3] des Gesetzes vom 1. Aug. 1883 (G.S. S. 237).

[3]) Obertr. Entsch. 36, 379.

[4]) § 11 Einf.-Ges. z. G.V.G.

[5]) Vergl. die einschlägigen Vorschriften in § 36.

[6]) Dasselbe gilt auch in den neuen Landestheilen (Verordnung vom 23. September 1867).

Wenn gegen einen im unmittelbaren oder mittelbaren Staatsdienste[1]) stehenden, activen oder gewesenen, auf Lebenszeit, auf Zeit oder nur vorläufig angestellten, beeideten oder nicht vereidigten, öffentlichen preußischen Beamten (auch Militärbeamten) wegen eines in Ausübung oder in Veranlassung der Ausübung seines Amtes vorgenommenen Handlung oder wegen Unterlassung einer Amtshandlung eine gerichtliche Verfolgung im Wege des Civilprozesses eingeleitet worden ist, so steht der vorgesetzten Provinzial- oder Centralbehörde[2]) des Beamten die Befugniß zu, den Konflict zu erheben, d. h. eine Vorentscheidung des preußischen Oberverwaltungsgerichts zu Berlin darüber zu verlangen, ob dem Beamten eine Ueberschreitung seiner Amtsbefugnisse oder die Unterlassung einer ihm obliegenden Amtshandlung zur Last fällt. Verneint das Oberverwaltungsgericht diese Frage, erklärt es also den Konflict für begründet, so ist eine gerichtliche Entscheidung nicht mehr statthaft, d. h. der Ersatzanspruch aus §§. 839 ff. B.G.B. kann nicht mehr geltend gemacht werden. Andernfalls nimmt der Civilprozeß vor den ordentlichen Gerichten seinen Fortgang. Die Erhebung des Konflicts ist auch gegen den Willen des Beamten statthaft.

Unzulässig ist die Erhebung des Konflicts (§ 7 des Gesetzes vom 13. 2. 1854):

a) bei richterlichen Beamten,[3])

b) bei anderen Justizbeamten, mit Ausnahme der Beamten der Staatsanwaltschaft und der gerichtlichen Polizei.

c) bei den im Bezirke des Appellationsgerichts zu Köln angestellten Hypothekenbewahrern und Civilstandesbeamten.

Wird gegen Personen des Soldatenstandes wegen Handlungen, welche von ihnen bei Ausübung oder in Veranlassung der Ausübung ihrer Dienstvorrichtungen vorgenommen sind oder wegen Unterlassung ihrer Dienstvorrichtungen bei anderen, als bei Militärgerichten eine Klage erhoben, so kann der Divisionskommandeur oder der kommandirende General den Konflict erheben. Diesfalls ist zur Entscheidung desselben das Militärjustizdepartement (bestehend aus Kriegs- und Justizminister) berufen, welches unter

---

[1]) Beamte öffentlicher Stiftungen gehören nicht hierher.

[2]) Nur Staatsbehörden, nicht die Korporationen und Gemeinden, auch der Landesdirector nicht, haben das Recht, den Konflikt zu erheben, doch steht es letzterem frei, die zuständigen Staatsbehörden zur Konfliktserhebung zu veranlassen.

[3]) Förster-Eccius, Preuß. Privatr. Bd. 2 S. 513 Anm. 21 meint, daß der Ausdruck „richterliche Beamte" auch von den Mitgliedern der Verwaltungsgerichte in deren verwaltungsgerichtlicher Thätigkeit verstanden werden müsse, obgleich es eine solche im Jahre 1854 noch nicht gab.

Mitwirkung dreier höherer Offiziere entscheidet (§ 6 des Gesetzes v. 13. 2. 1854; G.S. S. 86).

B. Strafen bei leichtfertig erhobenen Syndikatsklagen.

Nach dem Entwurf eines württembergischen Gesetzes über die Syndikatsklage[1]) Art. 13 sollte, wenn die Syndikatsklage unter Verurtheilung des Klägers in die Kosten verworfen wird, denselben überdies noch eine Geldstrafe von 50 bis 150 Gulden treffen. Bei armen Parteien sollte an die Stelle dieser Geldbuße eine Haft von 14 Tagen bis 4 Wochen treffen.

Auch das nicht mehr in Kraft befindliche österreichische Gesetz betr. die Syndikatsklage vom 12. März 1859 (R.G. Bl. Nr. 46) enthält in § 16 eine ähnliche Bestimmung.

Das jetzt geltende Recht kennt keinerlei Schutzbestimmung gegen frivole Regreßklagen. Selbst die sofortige Zurückweisung offenbar rechtlich unzulässiger oder unbegründeter Klagen durch Beschluß[2]) ist nach jetzigem Prozeßrecht unstatthaft. Bei Bewilligung des Armenrechts für Regreßklage wird eine besonders eingehende Prüfung geboten sein.

§ 34.

Die Executionsprivilegien der Beamten.

Folgende Sachen sind nach § 811 C.P.O. der Pfändung nicht unterworfen:

Nr. 7. Bei Offizieren, Deckoffizieren, Beamten, Geistlichen, Lehrern an öffentlichen Unterrichtsanstalten, Rechtsanwälten, Notaren, Aerzten und Hebeammen die zur Verwaltung des Dienstes oder Ausübung des Berufs erforderlichen Gegenstände, sowie anständige Kleidung;

Nr. 8. bei Offizieren, Beamten, Geistlichen, bei Aerzten und Lehrern an öffentlichen Anstalten ein Geldbetrag, welcher dem der Pfändung nicht untergeworfenen Theile des Diensteinkommens oder der Pension für die Zeit von der Pfändung bis zum nächsten Termin der Gehalts- oder Pensionszahlung gleichkommt.

Nach § 850 C.P.O. sind der Pfändung nicht unterworfen:

Nr. 5. Der Sold und die Invalidenpension der Unteroffiziere und der Soldaten;

Nr. 6. das Diensteinkommen der Militärpersonen, welche zu einem mobilen Truppentheil oder zur Besatzung eines in Dienst gestellten Kriegsfahrzeuges gehören;

Nr. 8. das Diensteinkommen der Offiziere, Militärärzte und Deckoffiziere, der Beamten, der Geistlichen, sowie der Aerzte und Lehrer an öffentlichen Anstalten; die Pension dieser Personen nach deren Versetzung in einstweiligen oder dauernden Ruhestand, sowie der nach

---

[1]) Vergl. Haffner, S. 85.

[2]) Vergl. § 64 des Preuß. Gesetzes vom 30. Juli 1883 über die allgem. Landesverwaltung.

ihrem Tode den Hinterbliebenen zu gewährende Sterbe- oder Gnadengehalt.

Uebersteigen in den Fällen ..... zu Nr. 8 das Diensteinkommen die Pension oder die sonstigen Bezüge die Summe von 1500 Mark für das Jahr, so ist der dritte Theil des Mehrbetrages der Pfändung unterworfen (§ 850 Abs. 2 C.P.O.).

Die Einkünfte, welche zur Bestreitung eines Dienstaufwandes bestimmt sind, und das Servis der Offiziere, Militärärzte und Militärbeamten sind weder der Pfändung unterworfen noch bei der Ermittelung, ob und zu welchem Betrage ein Diensteinkommen der Pfändung unterliege, zu berechnen (§ 850 Abs. 5 C.P.O.).

Abtheilung II.

§ 35.

Schadensersatzpflicht bei Vornahme privatrechtlicher Acte.[1])

In der Rechtsprechung des gemeinen Rechts und der partikularen Rechte ist die Haftung einer juristischen Person bereits dann angenommen worden, wenn bei der Verwaltung des Vermögens der Körperschaft oder bei einem von derselben betriebenen Gewerbe durch schuldhaftes Thun oder Unterlassen des Vertreters Dritte geschädigt worden sind.[2])

Die deutschen Gesetze enthalten keine die Haftpflicht von Körperschaften für unerlaubte Handlungen der Vertreter im Allgemeinen anerkennende Bestimmung.

Eine Haftpflicht sprechen in gewissen Richtungen aus das Gesetz[3]) betr. die Verbindlichkeit zum Schadensersatz für die bei dem Betriebe von Eisenbahnen, Bergwerken u. s. w. herbeigeführten Tödtungen und Körperverletzungen vom 7. Juni 1871 (R.G. Bl. S. 207) §§ 1 u. 2, die Unfallversicherungsgesetze u. s. w.

Im Gebiete des französischen Rechts hat die Vorschrift des code civil Art. 1384 S. 3 — les maîtres et les commettans[4]) sont responsables du dommage causé par leur domestiques et préposés[5]) dans les fonctions, aux quelles ils les ont employés — zu einer entsprechenden Haftbarmachung des Staates

[1]) Vergl. oben § 3.

[2]) Entsch. d. R.O.H.G. 12, 78; 21, 284; 25, 346; R.G. E. 15, 130, 17, 93.

[3]) Aufrecht erhalten durch Art. 32 und 42 Einf.-Ges. z. B.G.B.

[4]) D. i. der Staat, Korporation u. s. w.

[5]) D. i. der Beamte.

geführt, sofern nur kein acte de gouvernement proprement dit in Frage steht.[1])

Es bestimmt das B.G.B.:

§ 31: „Der Verein ist für den Schaden verantwortlich, den der Vorstand, ein Mitglied des Vorstandes oder ein anderer verfassungsmäßig berufener Vertreter durch eine in Ausführung der ihm zustehenden Verrichtungen begangene, zum Schadensersatze verpflichtende Handlung einem Dritten zufügt."

§ 89: „Die Vorschrift des § 31 findet auf den Fiskus sowie auf die Körperschaften und Anstalten des öffentl. Rechts entsprechende Anwendung."[2])

Der Fiskus d. h. der Staat, soweit er nicht völkerrechtlich oder staatsrechtlich, sondern als privatrechtliche Person, als Vermögenssubjekt, in Betracht kommt, haftet ebenso wie jede andere öffentlich rechtliche Person gleich der privaten juristischen Person für jeden Schaden den ein verfassungsmäßig berufener Vertreter in Ausführung der ihm im privatrechtlichen Verkehr zustehenden Verrichtungen durch eine zum Schadensersatz verpflichtende Handlung (Unterlassung) einem Dritten zufügt.[4])

Er darf den Geschädigten nicht an seine Beamten verweisen. Vgl. aber unten Nr. 7.

1. Es kommt also weder auf ein Verschulden des Staates noch darauf an, ob dem verfassungsmäßig berufenen Vertreter ein Verschulden zur Last fällt noch auch darauf, ob die Handlung, durch welche der Schaden zugefügt wird, eine widerrechtliche ist. Erforderlich ist nur, daß durch die Handlung eine Verpflichtung zum Schadenersatz begründet wird.[3]) So ist z. B. der Staat u. s. w. für den Schaden verantwortlich, welchen ein Beamter einem Dritten durch unberechtigte Selbsthilfe zugefügt hat (§ 231 B.G.B.). Ebenso haftet der Staat u. s. w. für den von seinen Beamten durch Beschädigung oder Zerstörung von Sachen einem Dritten zugefügten Schaden, auch wenn die Zerstörung oder Beschädigung nach § 904 Satz 1 nicht widerrechtlich war und die Verpflichtung zum Schadensersatze nur nach § 904 Abs. 2 B.G.B. eintritt.

---

[1]) Vergl. aber § 36 unter „Preußen".

[2]) Daneben bleiben gemäß Art. 32 Einf.-Ges. z. B.G.B. in Kraft die §§ 453 ff. Handelsgesetzbuch über die beschränkte Haftpflicht der Eisenbahnen, die für Post- und Telegraphie maßgebenden, die Haftpflicht einschränkenden Vorschriften, vergl. unten unter Nr. 7a; endlich der durch Art. 105 Einf.-Ges. z. B.G.B. aufrecht erhaltene § 25 des preuß. Eisenbahngesetzes vom 3. November 1838 (G.S. S. 505) über die Eisenbahnunternehmungen und deren weitgehende Haftung für Schaden an Personen und Gütern bei Beförderung auf der Bahn.

[3]) Rehbein, B.G.B. S. 33 Anm.

[4]) Planck, B.G.B. zu § 31 Anm. 1c, und § 833 B.G.B.

2. Die Haftung des Staates u. s. w. tritt nicht nur ein, wenn der Beamte in Ausführung seiner Vertretungsmacht, also in rechtsgeschäftlicher Vertretung z. B. durch Betrug gegen den anderen Kontrahenten, sondern auch bei Ausführung thatsächlicher Verrichtungen einem Dritten Schaden zufügt, also z. B. in der Leitung einer von dem Staate betriebenen Fabrik oder in der Aufsicht über die dem Staate gehörenden Sachen eine unerlaubte oder sonst zum Schadensersatze verpflichtende Handlung vornimmt.

3. Jede juristische Person handelt durch ihre verfassungsmäßig berufenen Vertreter; nur das Wollen und das Handeln dieser ist Wollen und Handeln der juristischen Person, für das sie haftet, wie die natürliche Person für ihr eigenes Handeln. Die verschiedenen stationes fisci sind nur eine Person.[1])

Es ist also zu scheiden das Verhältniß der juristischen Person zu solchen Personen, durch die sie nicht vertreten wird, sondern durch die sie wie durch Werkzeuge handelt. Für solche Werkzeuge haftet die juristische Person nicht nach § 31 B.G.B., sondern nur soweit, als auch die natürliche Person für fremdes Verschulden. Vgl. §§ 278, 664, 691, 812 ff., 831 und § 701 B.G.B.

Das Reichsgericht (I, 29. Sept. 1897 E 39, 186)[2]) führt aus: Es würde unstatthaft sein, eine juristische Person für die Versehen aller ihrer Angestellten schlechthin haften zu lassen, also auch für Versehen von Angestellten, die während der Verrichtung von Dienstleistungen vorfallen, bei denen dieselben nicht selbstständig thätig werden, sondern zu anderen ihrer Beamten in einem Verhältnisse stehen, das eine Verantwortlichkeit für eine physische Person, wenn diese der Dienstherr wäre, nicht begründen würde. Es ist deshalb daran festzuhalten, daß für solche Hilfsbeamte eine juristische Person abgesehen von besonderen Gründen (ungeeignete Auswahl, Mangel an Aufsicht) nicht haften kann.

In Bolze, Praxis Bd. 9 Nr. 490 hat das Reichsgericht allerdings einmal ausgesprochen, daß es unerheblich sei, ob dem Beamten, deren Versehen in Frage stehe, mit Recht die Eigenschaft von Willensorganen oder Repräsentanten beigelegt sei.

Ob eine Person als Vertreter (Willensorgan) oder als Werkzeug anzusehen ist, kann nur konkret entschieden werden.[3])

---

[1]) Obertr. 20, 19 und R.G. E. 2, 392 und 25, 154.

[2]) Vergl. Seuffert's Archiv 42 Nr. 277 und 43 Nr. 114.

[3]) In der Praxis sind als Werkzeuge angesehen: der Postbote zur Ausführung eines Postauftrages (R.G. E. 19, 101 ff.), der Sequester des landwirthschaftlichen Kreditverbandes (R.G. E. 29, 233); ein Rieselmeister, welchem eine Stadt die Ausführung gewisser Arbeiten zur Sicherung einer Landstraße übertragen hatte (Obertr. Entsch. 45, 123). In letzterem Falle ist Kassow in Gruchot's Beiträgen 43, 523 anderer Meinung.

Keinenfalls ist erforderlich, daß die Person zur Vertretung der juristischen Person in allen Beziehungen berufen ist, es genügt, wenn die Person auch nur in einer oder einzelnen Beziehungen an die Stelle der juristischen Person tritt. So kann der Leiter eines staatlichen oder Gemeindeunternehmens (Fabrik oder Anstalt) und der Beamte (Eisenbahnbaumeister, Betriebsinspektor), der Namens der juristischen Person zu befehlen und Weisungen zu ertheilen hat, sie insoweit vertreten und eigenes Verschulden der juristischen Person z. B. durch Verletzung fremder Patente, Muster, Marken, Urheberrechte[1]) begründen.[2])

Das Reichsgericht (I 29. Sept. 1897 E 39, 186) führt aus:

„Dagegen darf der Kreis derjenigen Personen, denen Handlungen als Handlungen der juristischen Person selbst zu gelten haben, nicht soweit eingeschränkt werden, daß hierunter nur solche Personen zu verstehen seien, die zur Vertretung der juristischen Person im Willen berufen sind. Denn bei Festhaltung dieser Einschränkung wird entweder dem Zwecke der zur Abwendung von Gefahr im öffentl. Interesse erlassenen Vorschriften und überhaupt dem Interesse des Verkehrs nicht entsprochen, oder es wird der Begriff der Willensvertretung auf Personen angewendet, die in Wahrheit zu solcher Vertretung nicht berufen sind. ... Die juristische Person hat... die Handlungen derjenigen Personen als die ihrigen zu vertreten, die verfassungsmäßig zum Handeln und zwar innerhalb des ihnen angewiesenen Geschäftskreises zum selbstständigen Handeln für sie berufen sind."

Hierzu gehört auch der Schiffer eines dem Reichsfiskus gehörigen Lootsen-Dampfers, welcher dazu dient, Lootsen auf Privatschiffe, welche durch den Kaiser-Wilhelmskanal fahren wollen, zu versetzen.

Das Reichsgericht (III 19. Dez. 1899 E 45, 168) hält die Berufung des Beamten zu einem selbstständigen Handeln nicht für erforderlich, verlangt aber die Feststellung des Verschuldens eines bestimmten, die juristische Person vertretenden Willensorgans.

4. Festzuhalten ist für den § 31 ferner, daß das Handeln des Vertreters als eigenes der juristischen Person nur insoweit gilt, als er innerhalb des ihm zugewiesenen Gebiets Dritten gegenüber rechtswidrig, schuldhaft, gehandelt hat. Eine Pflichtverletzung, die eine solche nur gegenüber der juristischen Person ist, begründet allein noch kein Verschulden der juristischen Person Dritten gegenüber.

Ist z. B. im Interesse der juristischen Person ihrem Vorstande eine besonders geartete scharfe Kontrolle einer Kasse vorgeschrieben — ebenso wenn die physische Person ihrem Vertreter eine solche Instruktion ertheilt — so ist dies lediglich ein Internum

---

[1]) R.G. E. 37, 41.

[2]) Vergl. Rehbein, B.G.B. S. 34, und R.G. E. 19, 348; 22, 259; 30, 241.

der Verwaltung; durch ihre Vernachlässigung macht der Vorstand sich der juristischen Person gegenüber regreßpflichtig, verletzt aber nicht eine Pflicht dieser gegenüber Dritten z. B. dem Bürgen eines Kassenbeamten. Sonst würden die zum Schutze der juristischen Personen ihren gesetzlichen Vertretern auferlegten Amtspflichten jene in eine erheblich schlechtere Lage bringen, als sie jeder andere Kassenherr hat.[1])

Als eigenes Handeln der juristischen Person kann auch nicht gelten, was der Vertreter nicht in seinem ihm zugewiesenen Gebiete, sondern außerhalb desselben thut, oder was er nur bei Gelegenheit seiner Function, nicht durch dieselbe verübt.

Praktischer Fall:

Mag man auch die Stadtbaudeputation als Willensorgan des Magistrats an sich ansehen, so handelt dieselbe, wenn sie einem Seitens der Polizeibehörde behufs Erfüllung der ihr nach § 10 II, 17 A.L.R. obliegenden Verpflichtungen gerichteten Ersuchen um eine Begutachtung des baulichen Zustandes eines Gebäudes Folge leistet, nicht als Verwalterin oder Beaufsichtigerin des städtischen Vermögens, auch nicht als Vertreterin der Stadt in deren Angelegenheiten, sondern in ihrer Eigenschaft als bausachverständiges Kollegium in derselben Weise, wie ein sonstiger Sachverständiger sein Gutachten hätte abgeben können. Für Versehen, die die Stadtbaudeputation bei dieser Begutachtung begeht, ist die Stadt nicht verantwortlich. Wenn der Stadtbaudeputation vom Magistrate der Stadt der allgemeine Auftrag zur Erstattung von Gutachten an das Polizeipräsidium ertheilt ist, dann handelt sie bei Abgabe des Gutachtens nicht als Willensorgan der Stadt, sondern nur als Beauftragte derselben. Eine Haftbarkeit der Stadt würde also nur unter den in den §§ 50—53 I, 6 A.L.R. bezeichneten Voraussetzungen eintreten können.[2])

5. Für die nicht als ihre Willensorgane anzusehenden Vertreter, also andere von den Beamten bevollmächtigte oder sonst zu einer Verrichtung bestellten Personen haftet der Staat nur nach Maßgabe des § 831 B.G.B.

Dieser lautet:

„Wer einen anderen zu einer Verrichtung bestellt, ist zum Ersatz des Schadens verpflichtet, den der andere in Ausführung der Verrichtung einem Dritten widerrechtlich zufügt. Die Ersatzpflicht tritt nicht ein, wenn der Geschäftsherr bei der Auswahl der bestellten Person und, sofern er Vorrichtungen oder Geräthschaften zu beschaffen oder die Ausführung der Verrichtung zu leiten hat, bei der Beschaffung oder der Leitung die im Verkehr erforderliche Sorgfalt beobachtet oder wenn der Schaden auch bei Anwendung dieser Sorgfalt entstanden sein würde.

Die gleiche Verantwortlichkeit trifft denjenigen, wel-

[1]) R.G. 31. Mai 1892. E. 29, 141 (Gem.R.).
[2]) R.G. 24. Januar 1895 E. 34, 294.

oder für den Geschäftsherrn die Besorgung eines der im Abs. 1, Satz 2 bezeichneten Geschäfte durch Vertrag übernimmt."

6. Persönliche Haftung des Vertreters (Beamten).

a) Dritten gegenüber.

Selbstverständlich ist auch nach dem B.G.B., daß neben der juristischen Person auch der schuldige Vertreter persönlich dem Dritten für den angerichteten Schaden haftet, sofern es sich nicht lediglich um kontraktliches Verschulden handelt. Stehen dagegen Schadenszufügungen außerhalb eines Vertragsverhältnisses in Frage, so folgt daraus, daß solche Handlungen auch der juristischen Person, als deren Organ die Handelnden aufgetreten sind, zuzurechnen sind, wenn sie innerhalb des satzungsgemäßen Bethätigungsgebietes der juristischen Person liegen, noch nicht, daß sie nur dieser zuzurechnen sind, und daß die thatsächliche Urheberschaft der mit Zurechnung handelnden physischen Personen in Bezug auf die hieraus sich ergebende Verantwortlichkeit unberücksichtigt bleiben kann. Auf dem Gebiete des Privatrechts kann die Verantwortlichkeit für ein rechtswidriges Handeln nicht durch die Berufung auf einen Auftrag oder eine Stellung als Organ abgelehnt werden.[1])

Der Beamte haftet gemäß § 839 ff. B.G.B.[2])

In gewissen geschäftlichen Verhältnissen privatrechtlicher Natur z. B. im postalischen Verkehr (§§ 6 ff. des Postgesetzes vom 29. Oct. 1871; R.G.Bl. S. 347) hat der Staat auf Grund spezialgesetzlicher Bestimmungen seine Haftung beschränkt.

Das Reichsgericht (E 19, 101) hat entschieden, daß der Absender zwar auf Grund des mit der Postverwaltung abgeschlossenen Beförderungsvertrages nur die im Postgesetze bezw. in der Postordnung bestimmte Entschädigung erlangen könne, daß er aber berechtigt sei, die Postverwaltung auch über diese Summe hinaus zu belangen, wenn die Sendung von einem Postbeamten veruntreut und nach dem betreffenden Landesgesetz der Fiskus für die Handlungen seiner Beamten verantwortlich sei. So können nach Art. 1384 Cod. civ. die Postverwaltung für einen durch ihre Beamten verursachten Schaden in voller Höhe desselben in Anspruch genommen werden. Diese Entscheidung ist in der Litteratur mehrfach angegriffen.[3]) Richtiger Ansicht hat das Postgesetz die

---

[1]) R.G. 25. Juni 1890, E. 28, 238, 242.

[2]) Vergl. § 11 ff.

[3]) Schmidt, Grenzen der Haftpflicht der Reichspostverwaltung in den Beiträgen für preuß. Recht Bd. 33, während Wolff, Haftpflicht S. 146 die Postverwaltung für ersatzpflichtig hält, wenn der Verlust der Sendung durch dolus oder culpa lata eines Postbeamten entstanden ist.

Haftpflicht der Postverwaltung vollständig und erschöpfend geregelt, bei den Berathungen des Gesetzes ist unzweideutig zum Ausdruck gebracht, daß die Postverwaltung über die Grenzen des Postgesetzes hinaus für dolus ihrer Beamten nicht haften solle. (Dambach, Postgesetz S. 96.) Dagegen ist es keineswegs die Absicht des Gesetzes gewesen, die Ansprüche der Absender und Reisenden gegen die einzelnen schuldigen Postbeamten einzuschränken.[1])

Der Absender, welcher auf Grund des Postgesetzes nur den Betrag des unmittelbaren Schadens von der Postverwaltung erstattet erhält, ist berechtigt, von dem Beamten, welcher den Verlust oder die Beschädigung der Sendung vorsätzlich herbeigeführt hat, auch den entgangenen Gewinn ersetzt zu verlangen. Ebenso würde der Beamte, welcher durch Fahrlässigkeit den Verlust eines gewöhnlichen Briefes verschuldet hat, dem Absender den hierdurch entstandenen Schaden vergüten müssen.[2])

Maßgebend für die Haftpflicht des Beamten sind jetzt die §§ 839 ff. B.G.B., wegen der Zeit vor dem 1. Januar 1900 vgl. § 5 a. E.

Vorstehende Ausführungen gelten auch bezüglich der Telegraphenverwaltung.[3])

Eine Spezialbestimmung enthalten §§ 12 u. 79 II, 15 A.L.R.[4])

„Gegen den Genuß der dem Staate von den Landstraßen zukommenden Nutzungen ist er verpflichtet, für die Unterhaltung der Sicherheit und Bequemlichkeit derselben zu sorgen." (§ 11 II, 15).

„Für den aus Unterlassung dieser Pflicht entstandenen Schaden sind diejenigen, welche bei der vom Staate ihnen aufgetragenen Sorge dafür sich eines groben oder mäßigen Versehens schuldig gemacht haben,[5]) verantwortlich." (§ 12 II, 15.)

„Gegen die dem Staate zukommende Nutzung der schiffbaren Ströme ist derselbe verpflichtet, für die zur Sicherheit und Bequemlich-

---

[1]) Klewitz, S. 67, Anm., meint, daß der Beamte als fiskalisches Willensorgan nicht für haftpflichtig erklärt werden dürfe, da er als solcher eben keinen privaten Willen hat, vielmehr nur eine staatliche Willensäußerung bewirkt, welche dem Publikum gegenüber ausschließlich nach den betreffenden spezialgesetzlichen Bestimmungen beurtheilt werden müsse, der Beamte als Individuum trete dabei völlig zurück. Allerdings führe diese Konsequenz unter Umständen zu Härten, namentlich dort, wo sich fiskalische Beamte bei Wahrnehmung von Amtsgeschäften eines dolus schuldig machen.

[2]) Nach der Verfügung des Reichspostamts vom 26. Juni 1886 und 27. October 1887 wird den Geschädigten der Name des schuldigen Beamten genannt.

[3]) Vergl. die Telegraphenordnung vom 21. Juni 1872 (R.-G.-Bl. S. 213) und die ergänzende Verordnung vom 24 Januar 1876 (Post- und Telegraph.-Amtsbl. S. 93).

[4]) Aufrecht erhalten durch Art. 89 preuß. Ausf.-Ges. z. B.G.B.

[5]) Vergl. Kreisordnung §§ 59[1] und 61 (Amtsvorsteher).

keit der Schifffahrt nöthigen Anstalten zu sorgen (§§ 11, 12)." (§ 79 II, 15.)[1])

Der Staat haftet also garnicht.[2]) Der § 12 a. a. O. bezieht sich aber nur auf den Fiskus, nicht auf Gemeinden, Korporationen u. s. w. Diese dürfen den Geschädigten nicht an den schuldigen Beamten verweisen (§§ 138 ff. II, 15 A.L.R.). Auch gehören sog. Kommunikationswege nicht zu den Land- und Heerstraßen, auf welche sich die §§ 11 u. 12 II, 15 A.L.R. beziehen.[3])

Der Fiskus kann jedoch für den aus der Unterlassung der Unterhaltspflicht an den Landstraßen entstandenen Schaden dann verantwortlich gemacht werden, wenn die Unterhaltspflicht des Fiskus nicht aus seiner Eigenschaft als Inhaber des Landstraßenregals, sondern aus anderen Gründen, z. B. weil er Anlieger ist, hergeleitet wird.[4])

b) dem Staat (Korporation u. s. w.) gegenüber.

Dieser kann entweder direct geschädigt sein oder er tritt, weil er dem Beschädigten den Schaden ersetzt hat, als Regreßnehmer auf.

Nach § 80 Einf.-Ges. z. B.G.B. bleiben, soweit nicht in dem B.G.B. eine besondere Bestimmung getroffen ist, unberührt die landesgesetzlichen Vorschriften über die vermögensrechtlichen Ansprüche und Verbindlichkeiten der Beamten, der Geistlichen und der Lehrer an öffentlichen Unterrichtsanstalten aus dem Amts- oder Dienstverhältnisse.

Es kommt das öffentliche Recht des betreffenden Bundesstaates[5]) zur Anwendung und sind die Ausführungen im §§ 29 u. 30 auch hier maßgebend.

---

[1]) Auch hier haftet nur der schuldige Beamte (R.G. E. 40, 296).

[2]) Strieth. Arch. 77, 103; 84, 151. Rehbein, B.G.B. S. 36 hält diese Urtheile für bedenklich; in R.G. E. 7, 288 wird die Anwendung der §§ 11 und 12 II, 15 A.L.R. für das Gebiet des franz. Rechts gegenüber Art. 1384 Cod. civ. verneint, weil die einschlägigen Bestimmungen dem sog. inneren Staatsrecht angehören und in der Rheinprovinz nicht publizirt seien.

[3]) Obertr. (Plenar-Beschluß) Entsch. 14, 92.

[4]) R.G. E. 44, 175.

[5]) Wegen der Reichsbeamten vergl. § 5 a. E.

Anhang.

§ 36.

Die einschlägigen gesetzlichen Vorschriften der einzelnen Bundesstaaten.

Eine Haftpflicht des Staates u. s. w. für bei Ausübung der öffentl. Gewalt verursachten Schäden giebt es in denjenigen Staaten nicht, bei welchen einschlägige Bestimmungen nicht angegeben sind.

1. Anhalt:

a) Ausf.-Ges. z. B.G.B. v. 18. April 1899 (Gesetzs. 1899 S. 57—89) Art. 32: Für den Schaden, den ein Beamter in Ausübung der ihm anvertrauten öffentlichen Gewalt einem Dritten zufügt, haftet der Staat, die Gemeinde oder der Kommunalverband, in deren Diensten der Beamte steht, nur insoweit als eine solche Haftung durch Reichs- oder Landesgesetz vorgeschrieben ist.

Soweit nach Landesgesetz eine Haftung des Fiskus oder einer Körperschaft des öffentl. Rechts besteht, kann Ausländern die Entschädigung verweigert werden, wenn nicht nachgewiesen ist, daß in dem Heimathsstaate des Beschädigten eine entsprechende Haftung Deutschen gegenüber anerkannt ist.

b) Ausf.-Ges. z. Grundbuchordnung v. 20. April 1899 (Gesetzs. 1899 S. 139—144), Art. 9 (gleichlautend mit § 11: Lippe-Detmold).

2. Baden:[1])

Gesetz betr. die Ausführung des B.G.B. vom 17. Juni 1899 (Gesetz- u. Verordnungsbl. 1899 S.. 229—248).

Art. 5. Verletzt ein Beamter des Staates in Ausübung der ihm anvertrauten öffentlichen Gewalt vorsätzlich oder fahrlässig die ihm gegenüber einem Dritten obliegende Amtspflicht, so trifft dem Betheiligten gegenüber die im B.G.B. bestimmte Verantwortlichkeit an Stelle des Beamten den Staat.

---

[1]) Vergl. oben S. 11, 13, 16 u. 56.

Soweit nicht die Amtshandlung eines Beamten der streitigen oder freiwilligen Gerichtsbarkeit in Frage steht, ist die nach Absatz 1 zulässige Verfolgung des Staates im Falle des Verlangens des dem Beamten vorgesetzten Ministeriums an die Vorentscheidung des Verwaltungsgerichtshofes gebunden. Das Verlangen kann nur solange gestellt werden, als in dem gerichtlichen Verfahren ein landgerichtliches Endurtheil nicht verkündet ist.

Auf das Verfahren vor dem Verwaltungsgerichtshof findet das Gesetz vom 14. Juni 1884, die Verwaltungsrechtspflege betreffend, auf die Entscheidung Art. 11 des Gesetzes vom 24. Februar 1880, den Verwaltungsgerichtshof und das verwaltungsgerichtliche Verfahren betreffend, Anwendung.

Soweit der Staat in diesen Fällen den Beschädigten befriedigt, ebenso im Falle des § 12 der Grundbuchordnung, geht die Forderung auf den Staat über.

Die vorstehenden Bestimmungen finden auf die Haftung der Gemeinden und anderer Kommunalverbände entsprechende Anwendung.

Ausländern kann die Entschädigung verweigert werden, wenn nicht nachgewiesen ist, daß in dem Heimathsstaate des Beschädigten eine der Vorschrift des Absatzes 1 entsprechende Haftung Inländern gegenüber anerkannt wird.

3. Baiern:[1])

a) Ausf.-Ges. z. B.G.B. v. 9. Juni 1899 (Beilage z. Gesetz- u. Verordnungsbl. 1899 Nr. 28 S. 1—82.

Art. 60. Verletzt ein Beamter des Staates, einer Gemeinde oder eines anderen Kommunalverbandes in Ausübung der ihm anvertrauten öffentlichen Gewalt vorsätzlich oder fahrlässig die ihm einem Dritten gegenüber obliegende Amtspflicht, so trifft dem Dritten gegenüber die im § 839 B.G.B. bestimmte Verantwortlichkeit an Stelle des Beamten den Staat oder den Verband, in dessen Diensten der Beamte steht. Bei den Amtsgeschäften der Gerichtsvollzieher gilt dies auch für die Verletzung der Pflichten gegenüber dem Auftraggeber.

Ausländern kann die Entschädigung, vorbehaltlich der Haftung des Beamten, verweigert werden, wenn nicht nachgewiesen ist, daß in dem Heimathstaate des Beschädigten eine der Vorschrift des Absatz 1 Satz 1 entsprechende Haftung Deutschen gegenüber wenigstens insoweit anerkannt wird, als der Ersatz des Schadens von dem Beamten nicht zu erlangen ist.

Die für einzelne Klassen von Beamten bestehenden besonderen Vorschriften bleiben unberührt.

Der Beamte hat dem Staate oder dem Verbande, in dessen

---

[1]) Vergl. oben S. 11, 16, 56 u. 81.

Diensten er steht, den Schaden zu ersetzen, der dem Staate oder dem Verbande aus der Verletzung der Amtspflicht entsteht. Die Vorschriften des § 852 B.G.B. finden mit der Maßgabe Anwendung, daß die dreijährige Verjährungsfrist mit dem Zeitpunkt beginnt, in dem die Ersatzpflicht des Staates oder des Verbandes dem Beschädigten gegenüber anerkannt oder rechtskräftig festgestellt ist.

Art. 61. Ist ein Beamter des Staates, einer Gemeinde oder eines anderen Kommunalverbandes für einen Schaden der in Art. 60 Abs. 1 bezeichneten Art deswegen nicht verantwortlich, weil er sich im Zustande der Bewußtlosigkeit oder in einem die freie Willensbestimmung ausschließenden Zustande krankhafter Störung der Geistesthätigkeit befunden hat, so kann der Beschädigte von dem Staate oder dem Verbande Schadensersatz verlangen.

Für den Schaden, der daraus entsteht, daß der Beamte bei einem Urtheil in einer Rechtssache die Amtspflicht verletzt, ist der Staat oder der Verband in dem Falle des Abs. 1 nicht verantwortlich.

Die Vorschriften des § 839 Abs. 1 Satz 2, Abs. 2 Satz 2, Abs. 3 B.G.B. und des Artikels 60 Abs. 1 Satz 2, Abs. 2, 3 finden entsprechende Anwendung.

b) Notariatsgesetz vom 9. Juni 1899 (Beilage z. Gesetzbl. 1899 Nr. 28 S. 137—166).

Art. 126. Für den Schaden, den ein Notar oder ein Notariatsverweser in Ausübung des ihm anvertrauten Amtes durch Verletzung der Amtspflicht einem Dritten zufügt, ist der Staat nach Maßgabe der Art. 60 u. 61 A.G. z. B.G.B. verantwortlich.

Der Notar und der Notariatsverweser hat dem Staate nach Maßgabe des Art. 60 Abs. 4 A.G. z. B.G.B. den Schaden zu ersetzen, der dem Staate aus der Verletzung der Amtspflicht entsteht. Für den Schaden, den hiernach ein Notariatsverweser dem Staate zu ersetzen hat, haftet dem Staate neben dem Notariatsverweser der Notar nach Maßgabe des Art. 115.[1])

Für den Schaden, den ein Notar oder ein Notariatsverweser in Ausübung des Amtes des Testamentsvollstreckers einem Dritten zufügt, haftet der Staat nicht.

c) Gesetz vom 8. Aug. 1878 betr. Errichtung eines Verwaltungsgerichtshofes (in der Fassung des A.G. z. B.G.B.).

Art. 7 Abs. 2: Der Verwaltungsgerichtshof ist berufen, in den Fällen, in welchen der Staat, eine Gemeinde oder ein anderer Kommunalverband wegen des Schadens in Anspruch genommen

---

[1]) Enthält die gleiche Bestimmung, wie § 101 des preuß. Gesetzes, siehe § 27 S. 81.

werden soll, den ein Beamter in Ausübung der ihm anvertrauten öffentlichen Gewalt vorsätzlich oder fahrlässig einem Dritten zugefügt hat, die Vorentscheidung darüber zu treffen, ob der Beamte sich einer Ueberschreitung seiner Amtsbefugnisse oder der Unterlassung einer ihm obliegenden Amtshandlung schuldig gemacht hat. Das Gleiche gilt, wenn ein Beamter wegen des Schadens in Anspruch genommen werden soll, den er durch einen in Ausübung oder in Veranlassung der Ausübung der ihm anvertrauten öffentlichen Gewalt vorgenommenen Handlung einem Dritten zugefügt hat. Soweit der Staat oder der Verband, in dessen Diensten der Beamte steht, einen Schaden zu ersetzen hat, für den der Beamte selbst nicht verantwortlich ist, hat der Verwaltungsgerichtshof die Vorentscheidung darüber zu treffen, ob der Beamte seine Amtsbefugnisse überschritten oder eine ihm obliegende Amtshandlung unterlassen hat. Bei Handlungen eines Beamten der streitigen oder der freiwilligen Gerichtsbarkeit ist die Vorentscheidung nicht erforderlich.

Die Vorentscheidung ist für das Gericht bindend.

Soll der Anspruch gegen den Staat oder den Verband wegen schuldhafter Verletzung der Amtspflicht erhoben werden, so wirkt die Vorentscheidung auch für das Verhältniß zwischen dem Staate oder dem Verband und dem Beamten.

Auf das Verfahren finden die für Verwaltungsrechtssachen geltenden Vorschriften Anwendung. Vor Erlassung der Vorentscheidung ist auch im Falle des Abs. 2 Satz 1 der Beamte zu hören.

4. Braunschweig:[1])

Ausf.-Ges. z. Grundbuchordnung vom 12. Juni 1899 (Gesetzs. 1899 S. 379—388).

§ 6. Ein Grundbuchbeamter ist dem Staate zum Ersatz alles dessen verpflichtet, was von dem Staate auf Grund der Vorschrift des § 12 der Grundbuchordnung wegen einer dem Grundbuchbeamten zur Last fallenden Verletzung der Amtspflicht hat aufgewendet werden müssen. Sind mehrere Grundbuchbeamte betheiligt, so haften sie als Gesammtschuldner.

Auf den nach Abs. 1 begründeten Anspruch finden die Vorschriften des § 852 des B.G.B. Anwendung.

5. Bremen:

Wegen der Haftung des Staates für Notare, vgl. Gesetz betr. die Ausführung des Reichsgesetzes über die Angelegenheiten der freiwilligen Gerichtsbarkeit vom 18. Juli 1899.

Ausf.-Ges. zur Grundbuchordnung vom 18. Juli 1899 (Gesetzbl. 1899 S. 133—136).

---

[1]) Vergl. oben S. 11, 13 u. 56.

§ 10. Verletzt ein Grundbuchbeamter vorsätzlich oder fahrlässig die ihm einem Dritten gegenüber obliegende Amtspflicht, so haftet er dem Staate für allen Schaden, der daraus nach der Vorschrift des § 12 der Grundbuchordnung entsteht. Mehrere betheiligte Beamte haften als Gesammtschuldner.

Fällt dem Beamten nur ein leichtes Verschulden zur Last, so kann der Senat den Ersatzanspruch des Staates ermäßigen oder anordnen, daß der Ersatzanspruch nicht geltend gemacht werden soll.

Auf die Verjährung des nach Abs. 1 begründeten Anspruchs und auf die Verpflichtung des Ersatzpflichtigen zur Herausgabe des durch die Verletzung der Amtspflicht Erlangten findet die Vorschrift des § 852 B.G.B. Anwendung. Die im § 852 Abs. 1 des B.G.B. bestimmte dreijährige Verjährungsfrist beginnt mit dem Zeitpunkt, in dem die Ersatzpflicht des Staates gegenüber den Betheiligten rechtskräftig festgestellt oder vom Staate anerkannt ist.

6. Elsaß-Lothringen:[1])

a) Gesetz betr. die Ausf. des B.G.B. vom 17. April 1899 in der Fassung der Bekanntmachung vom 22. 12. 1899 (Gesetzbl. 1900 S. 1— 36):

Haftung der Beamten für ihre Gehilfen.

§ 37. Beamte, welchen die Verwaltung einer dem Staate gehörigen Kasse eines dem Staate gehörigen Magazins oder die Annahme und die Aufbewahrung von dem Staate gehörigen Geldern oder geldeswerthen Gegenständen obliegt, sind zum Ersatze des Schadens verpflichtet, den die von ihnen angenommenen Stellvertreter und Gehilfen in Ausübung der Verrichtungen, zu welchem sie bestellt sind, einem Dritten widerrechtlich zufügen.

Die Ersatzpflicht tritt auch in den Fällen des § 831 Abs. 1 Satz 2 B.G.B. ein.

§ 38. Die Bestimmungen des § 37 gelten auch für die Beamten der Bezirke, der Gemeinden und der anderen öffentlichen Anstalten.

Vorentscheidung:

§ 39. Wird ein Beamter wegen einer Handlung, die er in Ausübung der ihm anvertrauten öffentlichen Gewalt vorgenommen hat, civilrechtlich oder strafrechtlich verfolgt, so ist die vorgesetzte Behörde befugt, die im § 11 Abs. 2 des Einf.-Ges. z. G.V.G. vom 27. 1. 1877 (R.G.Bl. S. 77) bezeichnete Vorentscheidung zu verlangen.

Haftung des Staates und der öffentlichen Anstalten für ihre Beamten:

§ 40. Für den Schaden, den ein Beamter des Staates, eines

[1]) Vergl. oben S. 11, 16 u. 56.

Bezirks, einer Gemeinde oder einer anderen öffentlichen Anstalt in Ausübung der ihm anvertrauten öffentlichen Gewalt einem Dritten zufügt, haftet der Staat, der Bezirk, die Gemeinde oder die öffentliche Anstalt, in deren Dienst der Beamte steht, in gleicher Weise wie der Beamte, soweit der Ersatz von diesem nicht zu erlangen ist. Der Staat, die Bezirke, die Gemeinden und die öffentlichen Anstalten haben dabei die rechtliche Stellung eines Bürgen.

Ausländern kann die Entschädigung verweigert werden, wenn nicht nachgewiesen ist, daß in dem Heimathsstaate des Beschädigten eine der Vorschrift des Abs. 1 entsprechende Haftung Deutschen gegenüber anerkannt ist.

b) Gesetz betr. die Ausführung der Grundbuchordnung vom 6. Nov. 1899 (Gesetzbl. 1899 S. 137—143).

Ersatzpflicht der Grundbuchbeamten:

§ 8. Die Grundbuchbeamten sind der Landeskasse zum Ersatz alles dessen verpflichtet, was die Landeskasse auf Grund der Vorschrift des § 12 der Grundbuchordnung vom 24. März 1897 wegen einer jenen Beamten zur Last fallenden, auf Vorsatz oder grober Fahrlässigkeit beruhenden Verletzung der Amtspflicht hat aufwenden müssen. Der Ersatzanspruch des Staates verjährt in 3 Jahren von dem Zeitpunkte an, in welchem die Ersatzpflicht des Staates von diesem anerkannt oder ihm gegenüber rechtskräftig festgestellt worden ist.

7. Hamburg.[1])

Ausführungsgesetz z. Grundbuchordnung vom 14. Juli 1899 (Amtsblatt 1899 S. 376—384).

§ 34. Ein Richter oder Gerichtsschreiber, welcher vorsätzlich oder durch grobe Fahrlässigkeit seine Amtspflicht als Grundbuchbeamter verletzt, hat dem Staate in dem Umfange, in welchem dieser für den daraus entstandenen Schaden verantwortlich ist, Ersatz zu leisten.

Zur Bestellung einer Dienstkaution sind die Grundbuchbeamten nicht verpflichtet.

§ 35. Auf die Verjährung der Ersatzansprüche gegen den Staat findet der § 852 Abs. 1 B.G.B. auch dann entsprechende Anwendung, wenn die Ersatzpflicht ein Verschulden eines Grundbuchbeamten nicht zur Voraussetzung hat.

8. Hessen.[2])

a) Gesetz betr. die Ausf. des B.G.B. vom 17. Juli 1899 (Reg. Blatt 1899 S. 133—262).

Art. 77. Ein Beamter des Staates, einer Gemeinde oder eines anderen Kommunalverbandes kann wegen einer Handlung,

---

[1]) Vergl. oben § 7 S. 10.

[2]) Vergl. oben S. 11, 13, 16 u. 56.

die er in Ausübung oder in Veranlassung der Ausübung seines Amtes vorgenommen hat, civilrechtlich oder strafrechtlich erst verfolgt werden, nachdem entweder von dem Verwaltungsgerichtshofe Vorentscheidung dahin getroffen worden ist, daß der Beamte sich einer Ueberschreitung seiner Machtbefugnisse oder der Unterlassung einer ihm obliegenden Amtshandlung schuldig gemacht hat, oder das dem Beamten vorgesetzte Ministerium erklärt hat, daß eine solche Vorentscheidung nicht verlangt werde. Es gilt als Verzicht des Ministeriums auf eine Vorentscheidung, wenn das Ministerium nicht innerhalb eines Monats, nachdem ihm ein darauf gerichteter Antrag des Geschädigten zugegangen ist, die Vorentscheidung beantragt.

Art. 78. Für den Schaden, den ein Beamter (Art. 77) in Ausübung der ihm anvertrauten öffentlichen Gewalt einem Dritten zufügt, ist der Staat oder der Verband, für den der Beamte thätig war, in gleicher Weise wie der Beamte verantwortlich. Der Staat, die Gemeinde oder der Kommunalverband haben dabei die rechtliche Stellung eines Bürgen. Sobald der Beamte rechtskräftig zur Zahlung verurtheilt ist, kann die Einrede aus § 771 B.G.B.[1]) nicht mehr erhoben werden.

Ist die Einrede der Vorausklage nach den Vorschriften des B.G.B. ausgeschlossen, so tritt eine Haftung des Staates oder Verbandes nur dann ein, wenn durch eine auf Antrag des dem Beamten vorgesetzten Ministeriums zu erlassende Vorentscheidung des Verwaltungsgerichtshofes festgestellt ist, daß die im Art. 77 bezeichneten Voraussetzungen vorliegen, oder wenn das dem Beamten vorgesetzte Ministerium erklärt hat, daß eine solche Vorentscheidung nicht verlangt werde. Die Vorschrift des Art. 77 Satz 2 findet entsprechende Anwendung.

Art. 79. Die im Art. 78 bestimmte Haftung tritt nicht ein bei Handlungen von Beamten, die ausschließlich auf den Bezug von Gebühren angewiesen sind, insbesondere bei Handlungen von Notaren und Gerichtsvollziehern.

Art. 80. Die in Art. 78 bestimmte Haftung tritt Ausländern gegenüber nur insoweit ein, als Gegenseitigkeit verbürgt ist.

b) Gesetz betr. die Ausführung der Grundbuchordnung vom 22. Juli 189 9(R.G. Bl. 1899 S. 363—367).

Art. 21. Verletzt ein Grundbuchbeamter vorsätzlich oder fahrlässig die ihm obliegende Amtspflicht, so trifft ihm dem Staate gegenüber die im § 839 B.G.B. bestimmte Verantwortlichkeit. Die im § 852 Abs. 1 B.G.B. bestimmte dreijährige Verjährungsfrist beginnt mit dem Zeitpunkte, in welchem die Ersatzpflicht des Staates dem Betheiligten gegenüber rechtskräftig festgestellt oder vom Staate anerkannt ist.

[1]) Einrede der sogen. Vorausklage.

9. Lippe-Schaumburg.

Gesetz vom 23. Aug. 1899 betr. Ausführung des B.G.B. (Landesverordnung 1899 Nr. 13 S. 153—171).

§ 16. Hat im Falle des § 12 der Grundbuchordnung für das deutsche Reich vom 24. März 1897 an Stelle des Grundbuchbeamten der Staat oder die Körperschaft, in deren Diensten der Beamte steht, Schadensersatz geleistet, so steht dem Staate oder der Körperschaft gegen den Beamten der Rückgriff in Höhe des geleisteten Schadensersatzes zu.

10. Lippe-Detmold.

Gesetz vom 17. Nov. 1899 zur Ausf. der Grundbuchordnung (Gesetzs. 1899 S. 529—532).

§ 11. Verletzt ein Grundbuchbeamter vorsätzlich oder fahrlässig die ihm obliegende Amtspflicht, so trifft ihn dem Staate gegenüber die im § 839 B.G.B. bestimmte Verantwortlichkeit.

Die im § 852 Abs. 1 B.G.B. vorgesehene dreijährige Verjährung beginnt mit dem Zeitpunkte, in welchem die Ersatzpflicht des Staates von diesem anerkannt oder ihm gegenüber rechtskräftig festgestellt ist.

11. Lübeck.

Ausf. Ges. zur Grundbuchordnung vom 18. Dezember 1899. (Samml. der Lübeckschen Verordnungen Nr. 85.)

§ 3. Ein Richter oder Gerichtsschreiber, welcher vorsätzlich oder durch grobe Fahrlässigkeit die ihm als Grundbuchbeamten obliegende Amtspflicht verletzt, hat dem Staate in dem Umfange, in welchem dieser von Beteiligten auf Grund von § 12 der Grundbuchordnung verantwortlich gemacht ist, Ersatz zu leisten. Als grobe Fahrlässigkeit ist es nicht anzusehen, wenn bei der Anlegung neuer Grundbuchblätter an Stelle von alten gemäß § 6 Absatz 2 und 3 dieses Gesetzes davon ausgegangen wird, daß die zur Vorbereitung dieser Anlegung auf Anweisung des Senates vom 18. Februar 1899 angefertigten Entwürfe zu den neuen Blättern den Inhalt der alten Blätter im Zeitpunkte, wo das Grundbuch als angelegt anzusehen ist, richtig wiedergegeben.

Der Ersatzanspruch des Staates verjährt in sechs Monaten von dem Zeitpunkte an, in welchem der Staat seine Verpflichtung aus § 12 der Grundbuchordnung anerkannt hat oder dazu rechtskräftig verurteilt ist.

12. Mecklenburg-Schwerin.[1])

Verordnung vom 9. April 1899 zur Ausf. des B.G.B. (Reg. Bl. 1899 S. 57—171).

---

[1]) Vergl. oben S. 11, 13, 16 u. 56.

§ 49. Für den von einem landesherrlichen Beamten in Ausübung der ihm anvertrauten öffentlichen Gewalt zugefügten Schaden haftet der landesherrliche Fiskus nur insoweit, als eine solche Haftung durch Reichsgesetz oder für gewisse Rechtsverhältnisse durch Landesgesetz vorgeschrieben ist.

Die Vorschriften des vorstehenden Absatzes finden auch auf Körperschaften des öffentlichen Rechts Anwendung, wenn von einem in ihren Diensten stehenden Beamten in Ausübung der ihm anvertrauten öffentlichen Gewalt ein Schaden zugefügt ist.

Soweit nach Landesgesetz eine Haftung des Fiskus oder einer Körperschaft des öffentl. Rechts besteht, kann Ausländern die Entschädigung verweigert werden, wenn nicht nachgewiesen ist, daß in dem Heimatsstaate des Beschädigten eine entsprechende Haftung Deutschen gegenüber anerkannt ist.

§ 79. Die Vorschriften des öffentlichen Rechts über die Ersatzpflicht des Grundbuchbeamten gegenüber dem Staate oder der Körperschaft, in deren Diensten der Beamte steht, wegen Verletzung der Amtspflicht bleiben unberührt.

Auf den nach Abs. 1 begründeten Anspruch finden die Vorschriften des B.G.B. Anwendung.

13. Mecklenburg-Strelitz.[1])

Verordnung zur Ausf. des B.G.B. vom 9. April 1899 (Offiz.-Anz. 1899 S. 49—155).

§ 48 gleichlautend mit § 49 (Meckl.-Schwerin).

§ 77 gleichlautend mit § 79 (Meckl.-Schwerin).

14. Oldenburg.

Gesetzliche Bestimmungen über die einschlägige Materie fehlen. Vgl. aber § 12 der Reichsgrundbuchordnung oben S. 59.

15. Preußen.[2])

a) Ganze Monarchie: Art. 8 des Ausf. Gesetzes z. Grundbuchordnung vom 26. 9. 1899 (G.S. S. 397):

„Verletzt ein Grundbuchbeamter vorsätzlich oder aus grober Fahrlässigkeit die ihm obliegende Amtspflicht, so trifft ihn dem Staate gegenüber die im § 839 B.G.B. bestimmte Verantwortlichkeit. Die im § 852 Abs. 1 B.G.B. vorgesehene Verjährung beginnt mit dem Zeitpunkt, in welchem die Ersatzpflicht des Staates von diesem dem Verletzten gegenüber anerkannt oder dem Staate gegenüber rechtskräftig festgestellt ist."

b) Rheinprovinz.

Art. 1384 Code civil ist durch Art. 89 Ziffer 2 A.G. z. B.G.B. aufrecht erhalten, soweit er auf die Haftung des Staates, der Ge-

---

[1]) Vergl. oben S. 13, 16, 56.

[2]) Vergl. oben S. 11, 13, 16, 37, 57 u. 65.

meinden und anderen Kommunalverbände für den von ihren Beamten in Ausübung der diesen anvertrauten öffentlichen Gewalt zugefügten Schaden Anwendung findet.

Art. 1384 lautet:

„Man ist nicht allein für den Schaden verantwortlich, den man durch seine eigene Handlung verursacht, sondern auch für denjenigen, der durch die Handlung von Personen verursacht wird, für welche man eingestehen muß, oder durch Sachen, die man unter seiner Obhut hat;

... Hausherren, Komittenten (commettans) für den Schaden, welchen ihr Hausgesinde und die von ihnen Beauftragten (préprosés) in den denselben anvertrauten Geschäften verursacht haben ..."

16. Reuß ältere Linie.[1])

a) Gesetz vom 26. October 1899 betr. die Ausführung des B.G.B. (G.S. 1899 S. 25—64).

§ 69. Im Falle der Ersatzpflicht nach den Vorschriften der §§ 839, 1674, 1848 B.G.B. haften der Staat, die Gemeinden und andere Kommunalverbände für den von ihren Beamten in Ausübung der ihnen anvertrauten öffentlichen Gewalt zugefügten Schaden wie ein Bürge.

Die Vorschriften über die Haftung des Staates in Grundbuch- und Hinterlegungs- bezw. Depositensachen bleiben unberührt.

Ausländern kann die Entschädigung verweigert werden, wenn nicht nachgewiesen ist, daß in dem Heimatsstaate des Verletzten eine der Vorschrift des Abs. 1 entsprechende Haftung gegenüber Angehörigen der deutschen Bundesstaaten anerkannt wird.

§ 29. Verletzt ein Beamter vorsätzlich oder fahrlässig die ihm in Bezug auf die Hinterlegung obliegende Amtspflicht, so trifft den Betheiligten gegenüber die im § 839 B.G.B. bestimmte Verantwortlichkeit an Stelle des Beamten den Staat.

Der Staat ist berechtigt, von dem Beamten Ersatz zu verlangen.

§ 852 B.G.B. findet entsprechende Anwendung. Die dreijährige Verjährungsfrist beginnt mit dem Zeitpunkte, in welchem die Ersatzpflicht des Staates von diesem anerkannt, oder ihm gegenüber rechtskräftig festgestellt ist.

Sind mehrere Beamte betheiligt, so haften sie als Gesammtschuldner. Den durch Zufall entstehenden Schaden hat der Eigenthümer des hinterlegten Gegenstandes zu tragen.

Nichtstaatsangehörigen gegenüber finden die Bestimmungen des Abs. 1 nur Anwendung, wenn in dem Heimathsstaate des Geschädigten eine entsprechende Haftung des Staats diesseitigen Staatsangehörigen gegenüber anerkannt wird.

---

[1]) Vergl. oben S. 13, 16, 56.

b) Gesetz vom 28. October 1899 zur Ausführung der Grundbuchordnung (Gesetzs. 1899 S. 85—90).

§ 12. Der Staat ist berechtigt, wenn er an Stelle des Beamten nach § 12 Satz 1 der Grundbuchordnung hat Schadensersatz leisten müssen, von dem Beamten Ersatz zu verlangen. § 852 B.G.B. findet entsprechende Anwendung. Die dreijährige Verjährungsfrist beginnt mit dem Zeitpunkte, in welchem die Ersatzpflicht des Staates von diesem anerkannt oder ihm gegenüber rechtskräftig festgestellt ist.

Sind mehrere Beamte betheiligt, so haften sie als Gesammtschuldner.

17. Reuß jüngere Linie.[1])

a) Gesetz vom 10. Aug. 1899 betr. die Ausführung des B.G.B. (Gesetzs. Nr. 580 S. 1—45).

§ 48. Fügt ein Beamter in Ausübung der ihm anvertrauten öffentlichen Gewalt unter vorsätzlicher oder fahrlässiger Verletzung seiner Amtspflicht einem Dritten Schaden zu, so trifft den Betheiligten gegenüber die im § 839 B.G.B. bestimmte Verantwortlichkeit an Stelle des Beamten den Staat oder die Körperschaft, in deren Dienst der Beamte steht.

Der Staat ist berechtigt, wenn er nach Abs. 1 Schadensersatz hat leisten müssen, von dem Beamten Ersatz zu verlangen. Dieser Anspruch verjährt in drei Jahren von dem Zeitpunkte an, in welchem die Ersatzpflicht des Staates von letzterem anerkannt oder ihm gegenüber rechtskräftig festgestellt worden ist.

Sind mehrere Beamte betheiligt, so haften sie als Gesammtschuldner.

Angehörigen außerdeutscher Staaten kann die Entschädigung verweigert werden, wenn nicht nachgewiesen ist, daß in dem Heimathsstaate derselben eine den Vorschriften des Abs. 1 entsprechende Haftung den Angehörigen des Fürstenthums gegenüber anerkannt wird.

b) Gesetz vom 10. Aug. 1899 zur Ausf. der Grundbuchordnung (Gesetzs. S. 137—141).

§ 6. Der Staat ist berechtigt, wenn er an Stelle eines Grundbuchbeamten nach § 12 Abs. 1 der Grundbuchordnung Schadensersatz hat leisten müssen, von dem Beamten Ersatz zu verlangen.

Dieser Anspruch verjährt in 3 Jahren von dem Zeitpunkte an, in welchem die Ersatzpflicht des Staates von letzterem anerkannt oder ihm gegenüber rechtskräftig festgestellt worden ist.

Sind mehrere Grundbuchbeamte betheiligt, so haften sie als Gesammtschuldner.

---

[1]) Vergl. oben S. 13, 16, 56.

Wegen Haftung des Staates für **Notare** vgl. Notariatsordnung vom 10. August 1899; desgl. wegen der Notariatsvertreter.

18. **Königreich Sachsen.**

Das Ausf.-Gesetz zum B.G.B. enthält keine Bestimmungen.[1])

a) **Reskript**, die Klage gegen Churfürstliche in officio fehlende Diener betr.,

den 18. October 1796 (3 F. I 2).

.... Wir haben Uns aus eurem unterthänigsten Berichte vom 18. Februar dss. Js. geziemend vortragen lassen, welchergestalt bei Euch, von dem Königlichen Preußischen Obersten Schmidt von Wegnitz, als Besitzer des im Amte Schkeuditz gelegenen Ritterguts Wegnitz, entgegen dem Kammerherrn von Nostitz, als Stift Merseburgischen Oberforstmeister, wegen der ihm von Selbigem, durch angeblich unterlassene Befolgung der von dem dasigen Cammer-Collegio zur Wegschießung der Rehe erhaltenen Anweisung in seinem Geholze auf 6000 Thlr. — zugefügten Schaden eine förmliche Klage eingereichet worden, und wie ihr dieserhalb mit vorgedachtem Cammer-Collegio auch Communicando vernommen, wegen der auf diese Klage zu treffenden Verfügung aber, um Unsere Anweisung gebeten habet. — Da nun in dergleichen Fällen gegen den fehlenden Diener, nach der bisherigen Verfassung, nicht vor einer Justizinstanz Klage zu erheben, sondern bei der ihm vorgesetzten Instanz Beschwerde zu führen, und der etwaige Schadenersatz bei dieser zu suchen, von dieser aber ferner der Regreß an den fehlenden Diener zu nehmen ist; so u. s. w.

b) **Generale**, die Einrichtung des Depositenwesens bei den Patrimonialgerichten, betr.,

den 20. Juni 1817 (3. F. I 301.)

§ 15. Das Gericht, welchem Deposita übergeben werden, und, soviel die Patrimonialgerichte auf dem Lande betrifft, der jedesmalige Gerichtsherr, ist unbedingt verbunden, für die sichere Aufbewahrung derselben zu haften. — Daher muß jeder Schade, welcher den zur Verwahrung niedergelegten Sachen, durch Nachlässigkeit, Veruntreuung, oder andere widerrechtliche Handlungen, zugefügt wird, den Deponenten, in Städten aus den Cämmerei-Vermögen, und bei den Patrimonialgerichten auf dem Lande, von dem jedesmaligen Gerichtsherrn, vergütet werden. — Diese Vertretungsverbindlichkeit liegt auch dem Ersteher eines sub hasta publica verkauften Gutes ob. — Wird dieser Schaden aus dem Cämmerei-Vermögen vergütet, so ist der Rath schuldig, den Regreß an diejenigen, denen die Sorge für die Deposita anvertraut war, oder die den Schaden verursacht haben, zu nehmen, und dadurch das Cämmerei-Vermögen wieder zu entschädigen. — Blos denjenigen Schaden trägt der Eigenthümer, der sich durch ungefähren Zufall an dem Deposito ereignet ....

In Anlehnung an diese Bestimmungen (Rescript v. 18. Oct. 1796 u. Generale v. 20. Juni 1817) hat sich in Sachsen das öffentlich-rechtliche und daher neben dem Gesetzbuch in Kraft verbliebene Gewohnheitsrecht entwickelt, daß Staat und Gemeinden

[1]) Vergl. aber oben S. 10, 11, 56.

für diejenigen Ansprüche, welche gegen ihre mit Wahrnehmung öffentlich-rechtlicher Befugnisse betrauten Beamten wegen Verschuldung in Ausübung derselben erwachsen sind, auch ihrerseits haften. Vgl. z. B. Annalen N. F. 10 S. 493; 2. F. III S. 26; Archiv 1877, S. 45; 1883 S. 162 u. s. w.

c) Verfassungsurkunde des Königsreichs Sachsen vom 4. September 1831. § 49 lautet:

Jedem, der sich durch einen Akt der Staatsverwaltung in seinen Rechten verletzt glaubt, steht der Rechtsweg offen.

Ein besonderes Gesetz wird die nöthigen Ausnahmen und Bestimmungen treffen, damit durch die Ausübung dieses Befugnisses der freie Fortgang der Verwaltung nicht gehemmt werde.[1])

Dann heißt es:

Der Rechtsweg findet statt, wenn Jemand unter Behauptung, eine Verwaltungsbehörde habe ihre Amtsgewalt überschritten oder gemißbraucht, oder Amtspflichten vernachlässigt und es sei daraus für ihn Schaden entstanden, Entschädigung (nach Befinden Herstellung des vorigen Standes der Sache, Sachsenbuße) verlangt. Es dürfen jedoch Justizbehörden, wenn dabei Verwaltungsmaßregeln zur Sprache kommen, über die Nothwendigkeit und Zweckmäßigkeit derselben in Bezug auf das allgemeine Beste, soweit eine rechtliche Erörterung darüber in den Gesetzen nicht ausdrücklich nachgelassen worden, nicht ertheilen, noch die Verordnungen der Verwaltungsbehörden für ungültig erklären. Auch versteht es sich von selbst, daß Justizbehörden über die Verletzung oder Gefährdung bloßer Interessen (im Gegensatz der Rechte) und über Versagung von Gesuchen, deren Bewilligung dem Ermessen der Verwaltungsbehörden überlassen ist nicht zu urtheilen haben; ingleichen daß die Administrativjustizbehörden, wenn sie in ihrer richterlichen Eigenschaft innerhalb der Grenzen ihrer Competenz Entscheidungen geben, ganz den gewöhnlichen Justizbehörden gleich zu achten sind.

19. Sachsen-Altenburg.[2])

a) Ausf.-Gesetz z. B.G.B. vom 4. Mai 1899 (Gesetzs. 1899 S. 31—63).

§ 28. Verletzt ein Beamter vorsätzlich oder fahrlässig die ihm in Bezug auf die Hinterlegung obliegende Amtspflicht, so trifft den Betheiligten gegenüber die im § 839 B.G.B. bestimmte Verantwortlich an Stelle des Beamten den Staat.

Der Staat ist berechtigt, von dem Beamten Ersatz zu verlangen. Auch auf diesen Ersatzanspruch findet § 852 B.G.B. entsprechende Anwendung.

Sind mehrere Beamte betheiligt, so haften sie als Gesammtschuldner.

Ausländern gegenüber kann der Staat die ihm nach Abs. 1 treffende Verantwortlichkeit ablehnen, wenn nicht nachgewiesen ist,

---

[1]) Als das besondere Gesetz ist anzusehen das sogen. A. Gesetz vom 28. 1. 1835, § 7 Z. 3 Abs. 2.

[2]) Vergl. oben S. 10, 16, 56.

daß in dem Heimathsstaate des Verletzten eine den Vorschriften des Abs. 1 entsprechende Haftung Deutschen gegenüber anerkannt ist.

b) Ausf.-Ges. z. Grundbuchordnung v. 4. Mai 1899 (Gesetzs. 1899 S. 69—73).

§ 16. Der Staat ist berechtigt, wenn er an Stelle des Grundbuchbeamten nach § 12 Abs. 1 der Grundbuchordnung hat Schadensersatz leisten müssen, von dem Beamten Ersatz zu verlangen. § 852 B.G.B. findet entsprechende Anwendung.

Sind mehrere Grundbuchbeamte betheiligt, so haften sie als Gesammtschuldner.

20. Sachsen-Koburg-Gotha.[1])

Ausf.-Ges. z. B.G.B. v. 20. Nov. 1899 (Ges.S. 1899 Nr. 629 S. 199—247).

Art. 18. Unerlaubte Handlungen von Beamten.

§ 1. Insoweit ein Beamter wegen vorsätzlicher oder fahrlässiger Verletzung der Amtspflicht einem Dritten zum Schadensersatz gemäß § 839, 1674, 1848 B.G.B. verpflichtet ist, tritt an dessen Stelle der Staat, die Gemeinde oder der Gemeindeverband, in dessen Diensten er steht.

Der Staat, die Gemeinde und der Gemeindeverband sind befugt von dem Beamten Ersatz zu verlangen, und verpflichtet, dies zu thun, wenn dessen Handlung auf Arglist oder grober Fahrlässigkeit beruht.

Sind mehrere Beamte betheiligt, so haften sie ihrer Dienstbehörde gegenüber als Gesammtschuldner.

§ 2. Die Bestimmungen des § 1 Abs. 2 u. 3 finden auch Anwendung, wenn der Staat in Gemäßheit des § 12 der Grundbuchordnung Schadensersatz zu leisten hat.

§ 3. Nichtstaatsangehörigen gegenüber finden die Bestimmungen des § 1 nur Anwendung, wenn in dem Heimatsstaate des Geschädigten eine entsprechende Haftung des Staates, der Gemeinde oder Gemeindeverbände diesseitigen Staatsangehörigen gegenüber anerkannt wird.

§ 4. Die Vorschriften des Art. 143 der Strafprozeßordnung vom 21. Sept. 1857 (Nr. 54 der Gemeinschaftlichen Gesetzsammlung) treten außer Kraft.

21. Sachsen-Meiningen.[2])

Gesetz vom 14. Aug. 1899 zur Ausf. der Reichsgrundbuchordnung (Samml. 1899 Nr. 85 S. 399 bis 404).

Art. 10. Die Grundbuchbeamten sind der Staatskasse zum

[1]) Vergl. oben S. 11, 16.

[2]) Vergl. oben S. 12, 13, 16.

Ersatz alles dessen, was die Staatskasse auf Grund der Vorschrift des § 12 der Reichsgrundbuchordnung vom 24. März 1897 wegen einer jenen Beamten zur Last fallenden Verletzung ihrer Amtspflicht hat aufwenden müssen, nur dann verpflichtet, wenn sie ihre Amtspflicht vorsätzlich oder grob fahrlässig verletzt haben.

Die im § 852 Abs. 1 B.G.B. vorgesehene 3jährige Verjährung beginnt mit dem Zeitpunkte, in welchen die Ersatzpflicht des Staates von diesen anerkannt oder ihm gegenüber rechtskräftig festgestellt ist.

22. Sachsen-Weimar-Eisenach.[1])

Ausf. Ges. z. B.G.B. vom 5. April 1899 (R.G. Bl. 1899 S. 123—195).

§ 91. Im Falle der Ersatzpflicht nach den Vorschriften des § 839 B.G.B. haften, soweit nicht in Unterpfands-, Grundbuchs- und Hinterlegungssachen besondere Vorschriften bestehen, der Staat, die Gemeinden und andere Kommunalverbände für den von ihren Beamten in Ausübung der ihnen anvertrauten öffentlichen Gewalt zugefügten Schaden wie ein Bürge.

Ausländern kann die Entschädigung verweigert werden, wenn nicht nachgewiesen ist, daß in dem Heimathsstaate des Verletzten ein der Vorschrift des Abs. 1 entsprechende Haftung Deutschen gegenüber anerkannt ist.

Die Vorschriften des Art. 143 der Strafprozeßordnung vom 20. März 1850 treten außer Kraft.

23. Schwarzburg-Rudolstadt.[2])

Ausf. Ges. zur Grundbuchordnung vom 28. Februar 1900. (G.S. Nr. XXVII S. 169—174):

Art. 22. Verletzt ein Grundbuchbeamter vorsätzlich oder aus grober Fahrlässigkeit die ihm obliegende Amtspflicht, so trifft ihn dem Staate gegenüber die im § 839 B. G. B. bestimmte Verantwortlichkeit. Die im § 852 Abs. 1 B. G. B. vorgesehene dreijährige Verjährung beginnt mit dem Zeitpunkt, in welchem die Ersatzpflicht des Staates von diesem dem Verletzten gegenüber anerkannt oder dem Staate gegenüber rechtskräftig festgestellt ist. Sind mehrere Grundbuchbeamte betheiligt, so haften sie als Gesammtschuldner.

24. Schwarzburg-Sondershausen.[3])

a) Ausf. Ges. z. B.G.B. vom 19. Juli 1899 (Ges. S. 1899 S. 29—64).

---

[1]) Vergl. oben S. 11, 13.
[2]) Vergl. oben S. 13, 16.
[3]) Vergl. oben S. 10, 13, 16.

Art. 19. Haftung des Staates und der Gemeinden für Beamte.

§ 1. Wenn ein Staatsbeamter wegen vorsätzlicher oder fahrlässiger Verletzung seiner Amtspflicht einem Dritten nach den Vorschriften des § 839 B.G.B. zum Schadensersatz verpflichtet ist, so haftet der Staat dem Dritten für den verwirkten Schaden wie ein Bürge.

§ 2. Unberührt bleiben rechts- und landesgesetzliche Vorschriften, nach denen der Staat für den von Beamten bestimmter Behörden verwirkter Schaden in weiterem Umfange haftet.

§ 3. Die Haftpflicht des Staates gemäß § 1 erstreckt sich auch auf die das Gerichtsvollzieheramt wahrnehmenden Personen, jedoch im Einzelfalle nicht über den Betrag von 300 Mark hinaus. Bezüglich der Notare ist jede Haftpflicht des Staates ausgeschlossen.

§ 4. In gleicher Weise wie der Staat (§ 1) haften auch die Gemeinden für den von ihren Beamten verwirkten Schaden.

§ 5. Ausländern gegenüber sind Staat oder Gemeinde nicht verpflichtet, wenn nicht nachgewiesen ist, daß in dem Heimathsstaate des Verletzten eine der Vorschrift des § 1 entsprechende Haftung Deutschen gegenüber anerkannt ist.

b) Ausführungsgesetz zur Reichsgrundbuchordnung v. 29. Juli 1899 (Ges.S. S. 150).

§ 29. Grundbuchbeamte sind diejenigen Beamten der Amtsgerichte, welche als Grundbuchrichter und Grundbuchführer die Geschäfte des Grundbuchamts besorgen.

Verletzt ein Grundbuchbeamter vorsätzlich oder fahrlässig die ihm obliegende Amtspflicht, so trifft ihn dem Staate gegenüber die im § 839 des B.G.B. bestimmte Verantwortlichkeit. Die im § 852 Abs. 1 des B.G.B. vorgesehene dreijährige Verjährung beginnt mit dem Zeitpunkt, in welchem die Ersatzpflicht des Staates von diesem anerkannt oder ihm gegenüber rechtskräftig festgestellt ist.

25. Waldeck.

Ausf. Ges. z. Grundbuchordnung vom 11. Dez. 1899 (G.S. S. 173)..

Art. 8 ist gleichlautend mit Art. 8 des preußischen Ausführungs-Gesetzes.

26. Württemberg.[1])

Ausf. Ges. z. B.G.B. v. 28. Juli 1899 (R.G. Bl. 1899 S. 423—539).

Art. 202. Verletzt ein Beamter des Staates in Ausübung der ihm anvertrauten öffentlichen Gewalt vorsätzlich oder fahrlässig

[1]) Vergl. oben S. 13, 16, 56.

die ihm Dritten gegenüber obliegende Amtspflicht, so trifft den Betheiligten gegenüber die im B.G.B. bestimmte Verantwortlichkeit an Stelle des Beamten den Staat.

Die Verantwortlichkeit tritt außerdem ein, wenn die Haftung des Beamten nur deshalb ausgeschlossen ist, weil der Beamte die Amtspflicht im Zustande der Bewußtlosigkeit oder in einem die freie Willensbestimmung ausschließenden Zustand krankhafter Störung der Geistesthätigkeit verletzt hat.

Ausländern kann die Entschädigung vorbehaltlich der Verfolgbarkeit des Anspruchs gegen den Beamten selbst verweigert werden, wenn nicht nachgewiesen ist, daß in dem Heimathsstaate des Beschädigten im Falle des Abs. 1 eine mindestens aushilfsweise Haftung des Staates Deutschen gegenüber anerkannt wird.

Art. 203. Soweit der Staat den Schaden ersetzt hat, ist der Beamte unter denselben Voraussetzungen und in demselben Umfange zur Erstattung an den Staat verpflichtet, wie er ohne die Bestimmung in Art. 202 gemäß den Vorschriften des B.G.B. dem Dritten den aus der Verletzung entstandenen Schaden zu ersetzen hätte. Dies gilt auch, wenn der Staat nach § 12 der Grundbuchordnung an der Stelle eines Grundbuchbeamten den Betheiligten Ersatz geleistet hat.

Art. 204. Die Bestimmungen des Art. 202 u. 203 finden auf die Haftung der Gemeinden und anderer Kommunalverbände für die Amtshandlungen ihrer Beamten entsprechende Anwendung.

§ 37.

Haftpflichtfälle aus der Praxis.

I. Aerzte.

Ein Kreisphysikus hatte als Gefängnißarzt für eine Anzahl Gefangene, ohne sie vorher zu untersuchen, die Bescheinigung, daß sie wegen „Verdauungsstörungen" einer Zulage in 2. oder 3. Diätform bedurften, ausgestellt. Er ist, da diese Bescheinigung falsch war, zum Ersatz der dem Justizfiskus hierdurch erwachsenen Mehrkosten verurtheilt (R.G. Bolze 17 Nr. 185).

II. Baumeister.

Ein Regierungs-Baumeister führt einen fiskalischen Bau wegen Verwendung besseren Materials um 20 000 Mark über den Anschlag aus. Die Lieferanten sind vom Fiskus bezahlt, der Beamte muß die 20 000 Mark ersetzen. Unerheblich 1. der höhere Sachwerth, 2. Befehl des Regierungsrathes, 3. Genehmigung der Ueberschreitung durch die Kammer. (R.G. E. 13, 258.)

III. Feldmesser.

Weder aus § 12 noch aus § 20 des preuß. Feldmesserreglements vom 2. März 1871 läßt sich ableiten, daß der Feldmesser bei Ausführung von Privataufträgen auch dann, wenn der Auftraggeber die Grenzfeststellung für überflüssig erklärt hat, die Richtigkeit der Grenzverzeichnung zu vertreten oder die Unmöglichkeit einer richtigeren Grenzermittelung nachzuweisen habe. Es folgt nur daraus, die ihm im Allgemeinen obliegende Sorgfalt und Akkuratesse auch auf die Ermittelung und Verzeichnung der Grenzen anzuwenden (R.G. Bolze 5 Nr. 618).

IV. Forstbeamte.

Ein Oberförster ließ innerhalb seines Reviers sein geladenes Gewehr mit in Ruhe gesetztem Hahn im Wagen in der Obhut seines Kutschers, welchem kenntlich war, daß das Gewehr geladen war, und entfernte sich zu einem Abholungsgeschäft. Der Kutscher entlud durch unvorsichtiges Hantiren das Gewehr und traf einen Menschen. Unter Ablehnung von Sachverständigenbeweis, daß nach Jagdregeln das Gewehr zu entladen gewesen wäre, ist die Klage gegen den Oberförster abgewiesen (R.G. Bolze 2 Nr. 380).

V. Gemeindebeamte.

1. Die Rechte und Pflichten des Vorstehers einer städtischen Sparkasse sind nicht nach den bei Vollmachtverträgen geltenden Regeln, sondern nach den für Staatsbeamte bestehenden Vorschriften zu beurtheilen. Die Vorgesetzten einer solchen Kasse sind bei Vernachlässigung der ihnen als Vorgesetzten obligenden Pflichten für die Unterschleife des Rendanten und

anderer Untergebenen den Beschädigten verantwortlich, ohne daß diese den Nachweis über die Zeit und Art der Entstehung jedes einzelnen Defects und dessen ursächlichen Zusammenhang mit der Pflichtwidrigkeit der Vorgesetzten zu führen haben (Obertr. 6. April 1853, Strieth. Arch. 9, 86).

2. So wenig aus der Nichtgenehmigung einer Ausgabepost Seitens der Stadtverordnetenversammlung ohne Weiteres auf Schädigung des Gemeindevermögens durch die Zahlung geschlossen werden kann, ebensowenig ist die Vertretungspflicht des Magistrats von vornherein mit der Verpflichtung zur Erstattung der verausgabten Post in die Gemeindekasse zu identifiziren; vielmehr regelt sich die Vertretungsverbindlichkeit der Magistratsmitglieder nach den allgem. Vorschriften der §§ 88—91 II, 10 A.L.R. über die Versehen der Staatsbeamten (Obertr. 4. April 1877, Strieth. Arch. 77, 295).

3. Ein Krankenwärter bei einem städtischen Krankenhause ließ die für die Verpflegung der Kranken festgesetzten Geldbeträge durch auf dem Magistratsbureau beschäftigte Schreiber erheben. Das benutzten zwei Schreiber dazu, von demselben Quittungen auf den ihnen zugänglichen Formularen für Anweisungen in blanco unterschrieben zu lassen, welche sie dann mit Anweisungen von Zahlungen für angebliche, in Wirklichkeit nicht verpflegte Kranke ausfüllten. Der frühere Bürgermeister und bei dessen Behinderung der Stadtkämmerer haben derartige ihnen vorgelegte Anweisungen unterzeichnet und die beiden Schreiber haben die angewiesenen Beträge für sich erhoben. Jene sind zum Ersatz der von ihnen angewiesenen Summen an die Stadt verurtheilt, weil sie die ihnen vorgelegten Zahlungsanweisungen blindlings unterschrieben haben, ohne sich auch nur die betreffenden Acten beilegen zu lassen, um sich aus denselben zu überzeugen, ob die Armensachen, in denen ihnen Anweisungen zur Unterschrift vorgelegt wurden, überhaupt existirten. Wenn die Anweisungen von dem Stadtsekretär kontrasignirt waren, so überhob sie das nicht ihrer eigenen Prüfungspflicht (R.G. Bolze 20 Nr. 229).

VI. Gerichtsbeamte.

A. Richter.

a) Freiwillige Gerichtsbarkeit.

1. Ein Richter hatte eine Hypothekbestellung von Personen aufgenommen, der sich fälschlich für die Grundbesitzer (Eheleute A.) ausgegeben hatten. Zwecks Prüfung der Identität hatte der Richter mit ihnen eine Unterredung von 10 Minuten über ihre Sachkenntniß gehabt, welche befriedigend ausfiel; auch hatte ein Kanzleigehülfe erklärt, daß er den erschienenen Mann auf Grund wiederholten Verkehrs an der Gerichtsstelle für den Ehemann A. halte. Endlich hatten die Erschienenen einen Zettel des mitbeklagten Rechtsanwalts vorgezeigt, aus dem zu entnehmen war, daß sie bereits vor diesem, ohne Bedenken zu begegnen, als die Eheleute A. aufgetreten waren. Gleichwohl ist der Richter zur Erstattung des erschwindelten Hypothekenbetrages verurtheilt, weil ein Versehen darin gefunden wurde, daß er nicht alle ihm zu Gebote stehenden Mittel erschöpft, vielmehr eine unter den vorliegenden Verhältnissen besonders geeignete Ermittelungsart, nämlich Vergleichung der Unterschriften der Erschienenen mit den Unter-

schriften der wirklichen Eheleute A. welche nur unterkreuzen konnten, in den Grundacten, außer Acht gelassen hatte. (R.G. 22. 4. 1895; E. 35, 214).

2. Das Obertribunal (Urth. vom 23. Febr. 1853; Striethh. Archiv Bd. 17 S. 51) hat angenommen, daß der zur Aufnahme eines Kaufvertrages ernannte richterliche Kommissarius zwar nicht verpflichtet sei, sich aus den Grundacten des zu verkaufenden Grundstücks auch über diejenigen Forderungen zu informiren, deren Eintragung bloß erst nachgesucht, aber noch nicht erfolgt ist, wenn er indeß der Partei ihrem Wunsche gemäß aus den Grundacten über das zu erkaufende Grundstück Auskunft ertheilt habe, so seien seine desfälligen Rechte und Verbindlichkeiten nach den besonderen Vorschriften über die Vertretungsverbindlichkeiten des Beamten abzumessen; er sei daher den der Partei aus seinem mäßigen Versehen verursachten mittelbaren Schaden zu ersetzen nicht verpflichtet. Mit Recht hebt Koch, Komm. z. A.L.R. zu § 88 II, 10 Anm. 2, demgegenüber hervor, daß diese Entscheidung nicht schlüssig sei, vielmehr die Prämisse und der Verbindungssatz zur Haftbarkeit führen müßten.

b) Streitige Gerichtsbarkeit.

1. Prozeßrichter. Der Amtsrichter hatte auf eine zur Terminsbestimmung eingereichte Klage, in welcher Nachbringung der Prozeßvollmacht Seitens des Rechtsanwalts versprochen war, verfügt, daß dieselbe nach 14 Tagen von der Gerichtsschreiberei wieder vorgelegt werden solle. In Folge dessen ist das Klagerecht bezüglich eines innerhalb 6 Monate gemäß § 343 I, 5 A.L.R. geltend zu machenden Gewährleistungsanspruchs verloren gegangen. Der Richter haftet, denn war er der Ansicht, daß von ihm die Legitimation des Rechtsanwalts schon vor Anberaumung des Termins zu prüfen sei und die Terminsbestimmung wegen der fehlenden Prozeßvollmacht unstatthaft erscheine, so hätte er dies dem Rechtsanwalt eröffnen müssen. Von dieser Verpflichtung wurde der Richter auch nicht durch die Erklärung des Rechtsanwalts, daß die Vollmacht nachgebracht werden solle, entbunden, denn mit Rücksicht darauf, daß die Klage zur Terminsbestimmung eingereicht war, konnte kein Zweifel darüber obwalten, daß die Bestimmung des Termins sofort und nicht erst später nach Eingang der nachzubringenden Vollmacht begehrt wurde (R.G. E. 33, 244).

2. Lädt der ersuchte Amtsrichter eine Person als Zeugen, weil er versehentlich annimmt, dieselbe wohne in seinem Gerichtsbezirk, so ist er für die mehrerwachsenden Zeugengebühren haftbar. Er hätte prüfen müssen, ob der in der Requisition angegebene Wohnort in seinem Gerichtsbezirk belegen ist und die Requisition verneinendenfalls zurückgeben sollen (R.G. Bolze 22 Nr. 211).

3. Der Konkursrichter, der unterlassen hatte, eine angemeldete Forderung beim Ausbleiben der Gläubigerin im Prüfungstermin festzustellen und die Eintragung des Resultates in die Tabelle zu veranlassen, ist schadensersatzpflichtig, ohne sich damit entschuldigen zu dürfen, daß der Gerichtsschreiber den Eintrag in die Tabelle unterlassen habe (§ 128 K.O.) und ohne den bei Ausschüttung der Masse nicht berücksichtigten Gläubiger an die übrigen Konkurs-

gläubiger verweisen zu dürfen, gegen welche ihm ein Anspruch nicht zusteht (R.G. Bolze 2 Nr. 557).

4. Ein Amtsrichter ist zum Ersatz des durch die mehrwöchige Verhaftung der Angeschuldigten wegen Meineids erwachsenen Schadens verurtheilt, weil er den von ihr angetretenen Beweis, daß sie garnicht vereidigt sei, was sich später als richtig herausstellte, obwohl das Sitzungsprotokoll des Schöffengerichts die Vereidigung nachwies, nicht sofort erhoben hat. Als Untersuchungsrichter hatte er die Verpflichtung, in gewissenhafter Weise zu prüfen, ob die Voraussetzungen für die Verhaftung der Beschuldigten sowie für die Fortsetzung der Haft vorhanden seien, nämlich daß dringende Verdachtsgründe gegen sie vorlagen. Unter dem Ermessen, nach welchem der Untersuchungsrichter bei der Beurtheilung zu verfahren hat, inwieweit die Ausdehnung der Voruntersuchung und die Aufnahme von Beweisen zur Vorbereitung der Vertheidigung der Angeschuldigten erforderlich erscheint, ist ein pflichtgemäßes, unter Anwendung der genauesten Aufmerksamkeit auf Grund gewissenhafter Prüfung der Sachlage auszuübendes zu verstehen. Hier hatte der Richter trotz des bestimmten Beweisantrages eine weitere Aufklärung nicht erhoben, den Antrag ad acta geschrieben und die Voruntersuchung geschlossen. Der Richter kann sich auch nicht auf § 91 II, 10 A.L.R. berufen, weil nicht die Vorklage gegen den Vorsitzenden und den Gerichtsschreiber des Schöffengerichts, welche das unrichtige Protocoll aufgenommen haben, erhoben sei, denn sein Versehen ist selbstständig. Neben ihm würden jene Personen solidarisch haften (R.G. Bolze 20 Nr. 221).

5. Die Beschränkung der Haftung des Spruchrichters bezieht sich auch auf richterliche Entscheidungen, durch welche unter den Parteien streitige Rechtsverhältnisse entschieden oder festgestellt werden.

Hat aber ein Amtsrichter dem § 319 St.P.O. zuwider eine öffentliche Ladung zur Hauptverhandlung von Amtswegen angeordnet, obwohl die dem mittellosen Angeschuldigten zur Last gelegte Dienstentweichung mit Gefängniß bis zu 8 Tagen oder Geldstrafe bis zu 30 Mark bedroht ist, so haftet er dem Justizfiskus wegen Erstattung der hierdurch erwachsenen Kosten (R.G. Bolze 18 Nr. 193).

6. Vergl. auch oben S. 69.

b) Strafvollstreckung.

1. Die Strafvollstreckungsbehörde (Staatsanwalt oder Amtsrichter) hat bei Erlaß der Vollstreckungsanweisung nur den Inhalt des maßgebenden Urtheils genau zu beachten, nach Erstattung der Entlassungsanzeige über den Gefangenen die Befolgung der Anweisung zu prüfen und, sofern sich hierbei ergeben sollte, daß derselben noch nicht vollständig genügt ist, die Fortsetzung der Vollstreckung zu veranlassen.[1]) Eine weitergehende Verpflichtung hat sie nicht. Insbesondere hat für rechtzeitige Entlassung des Gefangenen der Vorsteher des Gefängnisses zu sorgen. Dies ändert sich auch nicht, wenn der Gefangene während der Strafzeit in eine von dem Gefängniß getrennte Krankenanstalt gebracht ist. Bleibt der Gefangene

---

[1]) Obertr. 9. Dez. 1869 (J.=M.=Bl. 1870 S. 71).

nach Ablauf der Strafzeit in der Krankenanstalt, so haftet der Gefängnißvorsteher für die dadurch entstandenen Kosten.[1])

In dem Falle, daß der Gefangene in eine Krankenanstalt überführt wird, hat nicht die Strafvollstreckungsbehörde, sondern gemäß Verfügung des preußischen Justizministers vom 14. 8. 1879 (J.-M.-Bl. S. 237) II die Staatsanwaltschaft bei dem Landgericht zu prüfen, ob die Strafvollstreckung zu unterbrechen ist.

2 Zur Vermeidung der durch den Transport Verurtheilter entstehenden Mehrkosten ist die Strafvollstreckung in der Regel in dem Gefängnisse auszuführen, welches dem Aufenthaltsort des Verurtheilten am nächsten liegt. Ein Amtsrichter in Cöslin, welcher die Verurtheilte von ihrem Aufenthaltsorte Bredow bei Stettin zum Zweck Verbüßung einer 14tägigen Haftstrafe nach Cöslin hatte transportiren lassen, statt die Strafe in Stettin zu vollstrecken, ist zum Ersatz der dem Justizfiskus hierdurch erwachsenen Kosten verurtheilt (R.G. Bolze 13 Nr. 212).

3. Vergl auch „Staatsanwaltschaft".

B. Gerichtsschreiber.

1. Die Klage, welche darauf gegründet war, daß der Gerichtsschreiber eine den Wohnort eines Gläubigers falsch angebende Abschrift des Grundbuchblattes beglaubigt und dadurch veranlaßt hatte, daß der klagende Gläubiger zum Versteigerungstermin nicht geladen wurde, ist abgewiesen, weil der Gläubiger, wenn ihm das Zuschlagsurtheil zugestellt war, die sofortige Beschwerde gegen dasselbe gehabt, aber versäumt hatte, und wenn es ihm noch nicht zugestellt war, die Beschwerde noch erheben konnte (R.G. 2. 11. 1886 ,Bolze 2 Nr. 559).

2. Die dem Gerichtsschreiber behufs Veranlassung der Zustellung im Amtsgerichtsprozeß am 23. Juni zugegangene Klage war als eine der Beschleunigung bedürfende nicht bezeichnet, der Verhandlungstermin auf den 30. September anberaumt; da auch dem Gerichtsschreiber eine eingehende Prüfung der Klage, um zu ermessen, ob trotz der Hinausrückung eines Termins eine besondere Beschleunigung geboten war, nicht zur Pflicht zu machen sei, war darin eine den Gerichtsschreiber zum Schadensersatz verpflichtende Verschuldung nicht gefunden, daß er die Mittheilung an den Gerichtsvollzieher bis zum 29. Juni, wo die Zustellung zur Erhaltung des klägerischen Rechts spätestens hätte erfolgen müssen, nicht bewirkt hatte (R.G. 21. Juni 1886, Bolze 3 Nr. 362).

3. Ein Actuar hatte den Auftrag des Vorsitzenden des Schöffengerichtes, die Kosten zu liquidiren, nur in ungenügender Weise ausgeführt und wurde, da die Kosten wegen Verjährung nicht mehr gefordert werden konnten, zum Ersatz verurtheilt (R.G. Bolze 6 Nr. 285).

4. Ein Gerichtsschreiber war beauftragt, außerhalb des Gerichtsortes die Siegelung eines Nachlasses vorzunehmen. Er führte dieselbe nicht aus, weil ihm im Sterbehause dies unter Berufung auf eine private letztwillige Verfügung verweigert wurde, was sich später als

---

[1]) R.G. 29. Januar 1885; E. 13, 220.

unbegründet herausstellte. Die Kosten der zweiten Reise muß er dem Fiskus erstatten, weil er schon gelegentlich der ersten Reise bei der Weigerung polizeiliche Hülfe in Anspruch hätte nehmen müssen (R.G. Bolze 7 Nr. 278).

VII. Kassenbeamte und Revisoren.

1. Der die Kasse revidirende Postdirector und Oberpostsekretär hatten das von dem kasseführenden Postsekretär geführte Abrechnungsbuch mit dem der Hauptkasse zu vergleichen, da der Sollbestand ohne diese Vergleichung nicht festzustellen war. Die Unterlassung dieser Vergleichung qualifizirt sich als grobe Verschuldung (R.G. B. 6 Nr. 811).

Die in Anspruch genommenen Revisoren wurden nicht dadurch entschuldigt, daß ihre Art der Revision die allgemein übliche war (R.G. B. 6 Nr. 812).

Da sie solidarisch hafteten, so konnten sie sich auch nicht darauf berufen, daß auch ein Postinspector die dienstliche Aufsicht vernachlässigt hätte, der nicht mitverklagt war (R.G. B. 6 Nr. 813).

Die Revisoren waren verantwortlich für die nach der ersten ungenügenden Kassenrevision verübten Unterschlagungen, weil im Falle der bei genügender Revision zu erzielenden Entdeckung der ungetreue Beamte entfernt sein würde und weitere Unterschlagungen nicht hätte verüben können (R.G. B. 6 Nr. 187).

Sie sind auch verantwortlich für die zum Zweck der Verfolgung des ungetreuen Beamten und der Wiedererlangung des Unterschlagenen aufgewendeten Kosten als mittelbaren Schaden (R.G. B. 6 Nr. 188).

2. Der Kassenrevisor, welcher bei einer außerordentlichen Kassenrevision die von ihm entdeckte Unregelmäßigkeit in der Kassenführung des Rendanten wahrgenommen, aber nicht zum Protokoll vermerkt hatte, wurde zur Erstattung der von diesem nach der Revision veruntreuten Summe verurtheilt, weil ein pflichtmäßiges Verfahren des Beklagten fernere Unterschlagungen unmöglich gemacht haben würde. Zugleich wurde die solidarische Verurtheilung neben der des Amtsrichters ausgesprochen, weil dieser, wenn er bei einer früheren Revision sorgfältig verfahren wäre, die Veruntreuungen schon damals wahrgenommen hätte. Haben beide pflichtwidrig gehandelt, so kann der Staat beide in Anspruch nehmen, jeden von der Zeit ab, zu welcher pflichtmäßige Sorgfalt den Schaden abgewendet haben würde (R.G. Bolze 19 Nr. 263).

3. Richtig ist zwar, daß die Entdeckung der Defecte bei einer in früherer Zeit gehörig vorgenommenen Revision den ungetreuen Kassirer für die Zukunft (auch die Zeit, nachdem der wegen unterlassener Kontrolle in Anspruch genommene Bürgermeister nicht mehr im Amte war) unschädlich gemacht haben würde. Die Haftpflicht für die aus jener Vernachlässigung der Amtspflichten entstandenen Nachtheile kann aber für eine Zeit nicht fortwirken, in welcher der Beklagte nicht im Stande war, durch ordnungsmäßige Ausübung seiner Amtspflicht Nachtheile zu verhüten (R.G. Bolze 5 Nr. 325).

4. Dem Beklagten würde als Rechnungsführer und Mitglied der Sparkassendeputation ein haftbar machendes Verschulden zur Last

fallen nicht nur dann, wenn er bestimmte Wissenschaft von den Unterschlagungen des Kassirers hatte und diese verschwieg, sondern auch, wenn er zwar keine bestimmte Wissenschaft, aber doch begründeten Verdacht hatte, daß der Kassirer der Kasse Gelder der Sparkasse veruntreute, und dennoch bei der Beaufsichtigung der Kasse und den Revisionen auf das von ihm eingeschlagene Verfahren sich beschränkte, durch welches wirklich vorgekommene Unterschlagungen nicht entdeckt werden konnten. Er mußte dann die ihm zu Gebote stehenden Mittel anwenden, um die Richtigkeit der Bilanzen und Journale des Kassirers festzustellen, oder sonst geeignete Maßregeln ergreifen, durch welche der Grund oder Ungrund des Verdachts festgestellt wurde (R.G. Bolze 5 Nr. 326).

5. Der Staat haftet für ungenügende Kontrolle des Depositenwesens durch seine Aufsichtsorgane nur dann, wenn der Staat selbst den Deponenten gegenüber zur Kontrollirung verpflichtet war, nicht schon, wenn den Beamten in ihrem Verhältnisse zum Staat von diesem ein solche auferlegt war (R.G. 18. September 1894, E. 33, 204).

5a. Die Beamten der Hinterlegungskasse sind dem Hinterleger gegenüber zur Ueberwachung der Ausloosung hinterlegter Werthpapiere nicht verpflichtet. Es folgt dies aus § 38 Nr. 1 der preußischen Hinterlegungsordnung vom 14. März 1879 in Verbindung mit § 8 Nr. 1 des Ges. über das Hinterlegungswesen v. 19. Juli 1875. Diese klare gesetzl. Bestimmung konnte Nr. 27 der Ausführungsverfügung des Finanzministers zur Hinterlegungsordnung vom 29. Juli 1879, welche anordnet, daß durch die Hinterlegungskasse die Ueberwachung der Ausloosung und Kündigung der hinterlegten Werthpapiere insoweit stattfinden solle, als hierüber in den Ausloosungs- und Kündigungstabellen des Reichs- und Staatsanzeigers Veröffentlichungen erfolgten, nicht abgeändert werden. Wollte man dies aber annehmen, so würde zu prüfen sein, ob bei dem geringen Versehen des Beamten dem Hinterleger nicht ein grobes Versehen zur Last fällt, wenn er seinerseits die Ausloosung nicht überwacht (R.G. in Gruchot's Beiträgen 43, 1105).

6. Für den Ausfall einer Gerichtskostenforderung ist der Kassenkurator verantwortlich gemacht, weil derselbe die vorläufige Niederschlagung der Kosten verfügt hatte, ohne Ueberzeugung davon zu nehmen, ob nicht durch den unterlassenen Antrag auf Arrestirung und Ueberweisung der für den Schuldner eingetragenen Hypothek, sowie Eintragung im Grundbuch die Kosten einzuziehen waren und hierdurch dem Fiskus die Befriedigung entgangen ist. Wenn auch die Hypothek für einen Dritten arrestirt war, mußte sich der Kassenkurator sagen, daß dieser Arrest durch anderweitige Befriedigung jenes Dritten wegfallen konnte, überdies war die Höhe des Arrestes nach dem Berichte unbestimmt gelassen und daraus war der Zweifel zu entnehmen, ob nicht ein Betrag der Hypothek freigeblieben sei und der Staatskasse überwiesen werden könne (R.G. Bolze 3 Nr. 368).

7. Der Kassenbeamte haftet bei Zahlung ohne vorschriftsmäßigen Belag, wenn der Staat in Schaden kommt (R.G. Jur. Wochenschr. 16, 371 Nr. 66).

VIII. Landschaft.

Ein Verschulden der Mitglieder der Direction der Landschaft, daß das Unschädlichkeitsattest ausgestellt war, ohne die Verwendung des für die Abveräußerung an den Verkäufer und Schuldner des Klägers gezahlten Preises zu kontrolliren, lag nicht vor, denn diese Pflicht gehört nicht zur Zuständigkeit der Direction. Aus dem Umstande, daß die Unschädlichkeit bezeugt war, obgleich das Kaufgeld den Werth der Parzelle nicht erreichte, folgt die Haftung, weil Schätzungen zu einem verschiedenen Ergebnisse führen können noch nicht. Auf ein Versehen läßt sich nur schließen, wenn der Unterschied gegen den von anderen Sachverständigen geschätzten Werth ein bedeutender ist (R.G. Bolze 14, Nr. 206 und 209).

IX. Militärpersonen.

1. Der Kläger, ein nicht mehr militärpflichtiger Ganzinvalide, hatte sich nach Beendigung seiner Badekur zur Nachkur nach Halberstadt begeben und war vom Bezirkskommando zu Iserlohn angewiesen, sich unverzüglich auf dem Bezirkskommando behufs ärztlicher Untersuchung zu melden, auf die verordnete Nachkur könne vorerst keine Rücksicht genommen werden, weil jedes hierauf bezügliche Attest fehle. Die Klage gegen den Bezirkskommandeur auf Ersatz der Reisekosten ist abgewiesen. Wenn man auch annehmen wollte, Kläger sei den Vorschriften der Kontrollordnung nicht unterworfen gewesen und der Bezirkskommandeur habe deren Vorschriften zuwidergehandelt, so fehlt es doch an einem Kausalnexus zwischen der Anordnung des Bezirkskommandeurs und dem Schaden. Kläger mußte aus dem Schreiben des Bezirkskommandos ersehen, daß er nach Beibringung eines Attestes einen andern Bescheid zu gewärtigen habe, der aus der Reise (statt Einsendung eines Attestes) entstehende Schaden ist also dem eigenen Verhalten des Klägers beizumessen (R.G. Bolze 3 Nr. 255).

2. Ein Gensdarm hatte, ohne daß er dazu berechtigt war, weil die Jagdpolizei lediglich dem Landrath zusteht, welcher ihm einen Auftrag nicht ertheilt hatte, den Kläger und dessen Jagdgästen die Fortsetzung der Jagd auf dem von dem Kläger erpachteten Gebiet untersagt; er ist deshalb zum Schadensersatz verurtheilt (R.G. Bolze 17 Nr. 183).

Ein Gensdarm, welcher einen auf dem Felde frei herumlaufenden Hund des Klägers als angeblich toll durch einen Schuß getödtet hatte, ist gemäß §§ 88, 89 II, 10 in Verbindung mit §§ 22, 23 I, 3; §§ 8, 15, 88 I, 6 A.L.R zum Ersatz verurtheilt, weil er bei Anwendung der gebotenen Aufmerksamkeit den Hund nicht für toll hätte halten dürfen (R.G. Bolze 9 Nr. 187).

X. Polizeibeamte.

1. Ein Polizeipräsident darf einem Droschkenfuhrherrn welcher sich weigert, nach dem neuen Tarif zu fahren, den Fahrschein nicht entziehen, wenn die betr. Polizeiverordnung (ein Droschkenreglement) noch nicht nach Maßgabe der Regierungsverordnung gehörig publizirt war. Er ist ersatzpflichtig für den Schaden, welcher durch die Nichtausübung des Gewerbes entstanden ist. Die Annahme einer Verschuldung des Beamten ist nicht schon deshalb abzulehnen, weil er aus der Bekanntmachung des Magistrats glaubte entnommen zu haben, die Verordnung sei publizirt; denn aus der Bekanntmachung des Magistrats ergiebt sich nur, daß das Reglement im Servisbureau ausliegt. Die Regierungsverordnung fordert aber

den öffentlichen Aushang des Reglements (R.G. 23. Juni 1887, Bolze 4 Nr. 354 und 9 Nr. 181—183).

2. Ein Amtsvorsteher hatte in Ausübung der ihm wegen eines über den Deich führenden Weges zustehenden Polizei ein Inhibitorium gegen die den Weg einengende Ausführung der deichpolizeilichen Anordnungen des Deichhauptmanns erlassen und zur Durchführung kraft des preußischen Gesetzes vom 26. Juli 1876 § 33[3] Zwangsmaßregeln ergriffen. Solange dem Amtsvorsteher nicht nachgewiesen wird, daß er bei Anwendung der von ihm zu fordernden Aufmerksamkeit und Sachkenntniß anders handeln, etwa weil nicht Gefahr im Verzuge gewesen, Beschwerde hätte führen müssen, war er hierzu befugt, also nicht schadensersatzpflichtig (R.G. 30. October 1886 ,Bolze 1 Nr. 529).

3. Weil nach § 132 des preuß. Gesetzes vom 1. 8. 1883 der Bezirksausschuß über die Einrichtung ,Aufhebung und Veränderung der Kehrbezirke der Schornsteinfeger beschließt, war ein Beschluß des Kreisausschusses, welcher die Verordnung des Gemeindevorstandes bestätigt hatte, daß die Schornsteine von einem durch den Gemeindevorstand zu engagirenden Schornsteinfeger gereinigt und die Kosten von den Hausbesitzern aufgebracht werden sollten, von der Regierung aufgehoben. Inzwischen hatte der beklagte Gemeindevorsteher gegen die klagenden Hausbesitzer wegen der nach dem Kreisausschußbeschluß auf sie entfallenden Reinigungskosten Zwangsvollstreckung vollziehen lassen. Der Gemeindevorsteher ist zum Ersatz des durch die Pfändung entstandenen Schadens verurtheilt, weil er soviel Gesetzeskenntniß haben mußte, um die Ungültigkeit des Kreisausschußbeschlusses einzusehen, und auch nicht durch die irrthümliche Meinung entschuldigt wird, daß er diesen Beschluß ausführen müsse (R.G. Bolze 15 Nr. 174).

4. Neben einer unterhöhlten Wand der Sandgrube wurde Sand auf einen Wagen geladen. Die Wand stürzte ein und beschädigte eine Frau. Der Gemeindevorsteher ist zum Schadensersatz verurtheilt. weil er nach der Kreisordnung vom 13. Dez. 1872, § 29, die Pflicht hatte, zur Erhaltung der öffentl. Sicherheit die erforderliche polizeiliche Anordnung sofort zu erlassen. Daß er die Beaufsichtigung durch eine dritte Person wahrnehmen lassen konnte, befreite ihn hier nicht, da er bei dem Abgraben des Sandes und dessen Aufladen anwesend war (R.G. Bolze 8 Nr. 276).

5. Wenn ein Bürgermeister den Polizeibeamten befiehlt, dafür Vorsorge zu treffen (nöthigenfalls mit Gewalt), daß der Handel an Stellen, wo er von der Marktordnung verboten ist, nicht stattfinde, so handelt er innerhalb seiner Amtsbefugnisse (§ 132[3] des Gesetzes vom 30 Juli 1883) und ist nicht schadensersatzpflichtig (R.G. Bolze 23 Nr. 263).

6. Das Polizeipräsidium hatte mittelst Verfügung die Pferdebahngesellschaften ersucht, einen neu erfundenen Klingelapparat einzuführen, und den betr. Erfinder benachrichtigt, es sei den Gesellschaften aufgegeben, den Apparat einzuführen. Demnächst wurde jener Verfügung wegen sachlicher Bedenken keine Folge gegeben. Die Klage eines Dritten, welcher durch die amtliche Mittheilung veranlaßt sein wollte, das Patent zu kaufen, gegen die Beamten, von denen die Mittheilung ausgegangen, ist abgewiesen, weil die Mittheilung der Wahrheit entsprach, indem notorisch Anordnungen der fragl. Art Seitens

der höheren Verwaltungsbehörden gegenüber den Directionen gewerblicher Unternehmungen in Form von Ersuchungsschreiben erlassen werden (R.G. Bolze 13, Nr. 275).

7. Der Beamte haftet auch für ein Versehen bei Ausführung einer von ihm unter Ueberschreitung seiner Amtsbefugnisse in amtlicher Eigenschaft vorgenommenen Handlung, also auch, wenn er innerhalb seines amtlichen Wirkungskreises zur Vornahme der fragl. Handlungen nicht befugt war (R.G. Bolze 13 Nr. 217 und 23 Nr. 133).

Ein Bürgermeister hatte die Unterschriften der Schuldner und der Bürgen amtlich beglaubigt und die Solvenz der Bürgen für die übernommene Haftung amtlich bescheinigt.

XI. Post- und Telegraphenbeamte.

1. Der Beklagte, Telegraphenbeamter, hat den Text der Depesche, welche den Gensdarm aufgab, nach „Ortelsburg" zu kommen, grob versehentlich durch Substitution des Wortes „Johannisburg" geändert. Der Gensdarm ist dorthin geritten. Zur Bezahlung der Rücktransportkosten des Pferdes an den preußischen Fiskus ist der Telegraphenbeamte verurtheilt (R.G. Bolze 22, 209). Die Einrede, daß der Fiskus nicht geschädigt sei, da die Regierungshauptkasse an die Kgl. Eisenbahndirection die Transportkosten gezahlt habe, also nur eine Zahlung aus einer fiskalischen Kasse in einer andern vorliege, die Bestandsverminderung der einen durch die Bestandsvermehrung der anderen ausgeglichen sei, ist verworfen, weil der Anspruch der Staatseisenbahn auf die tarifmäßige Transportgebühr noch bestehe (R.G. E. 37, 250).

2. Eine Firma hatte mit der Postverwaltung verabredet, daß sie die an ihre Adresse eingehenden Postanweisungen und Ablieferungsscheine über Werthsachen in verschlossener Mappe abholen lassen wolle, welche der betreffende Postbeamte mit dem bei der Post hinterlegten Schlüssel auf- und zuschließen sollte. Der Postsekretär wurde in Anspruch genommen, weil er eine Anzahl von Postanweisungen, deren Geldbeträge dann der Bote der Firma unterschlagen hatte, in die Mappe gelegt und diese nicht verschlossen habe. Die Klage ist abgewiesen, weil der Bote die Mappe öfter unverschlossen zurückgebracht habe, dies schon in der Zeit der ersten fünf Unterschlagungen der Postanweisungen bemerkt worden sein müsse, die klagende Firma aber niemals Beschwerde beim Postamte erhoben habe, sodaß der Verlust der eigenen Nachlässigkeit der Firma zuzuschreiben ist (R.G. Bolze 16 Nr. 205).

3. Es war auf Schadensersatz geklagt, gegen zwei Telegraphenbeamten, von denen der eine das aufgegebene Telegramm zu lesen und dabei durch die Klaviatur des Hughes-Apparates zum telegraphischen Abdruck zu bringen hatte, während der andere dienstlich verpflichtet war, einen hierbei an Ort und Stelle zum Abdruck gelangenden Kontrollstreifen auf seine Uebereinstimmung mit dem Originaltelegramm zu prüfen. Unrichtig war die Zahl 32 000 statt 3200 telegraphirt. Der Kontrollbeamte ist bereits rechtskräftig verurtheilt. Die Klage gegen den das Telegramm aufnehmenden Beamten dagegen ist abgewiesen. Wenn auch objectiv ein Versehen vorliegt, so setzt ein vertretbares Versehen doch immer ein Verschulden

voraus, welches in Außerachtlassung der gehörigen Aufmerksamkeit bestehe und bei deren Anwendung vermieden worden wäre. Bei der Einrichtung des Telegraphenbetriebes, bei welchem der Beamte zugleich zu lesen und mit der Hand auf der Klaviatur des Apparates zu operiren habe und bei der zugleich gebotenen Eile ist das Vorkommen eines solchen Fehlers nach dem Maße der menschlichen Kräfte überhaupt unvermeidlich, zumal es sich um ein einziges fehlerhaftes Zeichen handelt, das durch einen Fingerdruck hervorgerufen wird (R.G. in Gruchot's Beiträgen 43, 500).

XII. Schiedsmänner.

Stellt ein Schiedsmann die Bescheinigung über Erfolglosigkeit des Sühntermins gemäß § 420 St.P.O. aus, ohne daß der Beklagte zum Termin durch den Polizeidiener geladen ist, so haftet er für die dem abgewiesenen Privatkläger erwachsenen Prozeßkosten, weil er sich vor Ausstellung des Attestes bei dem Polizeidiener hätte erkundigen müssen, ob die Ladung zugestellt war (R.G. Bolze 22 Nr. 207).

XIII. Steuern.

1. Ein Districtskommissar hatte auf Ermächtigung des Landrathsamtes, aber gegen die preuß. Verordnung vom 7. Sept. 1879 § 54 wegen rückständiger Steuern, ein Grundstück im Wege öffentlicher Lizitation meistbietend verpachtet. Die Rechte des Pächters sind von dem Ersteher des später gerichtlich subhastirten Grundstücks nicht anerkannt. Der Districtskommissar ist zur Erstattung des Pachtzinses an den Pächter verurtheilt. Wenn auch der Kläger auf Grund eines ungültigen Pachtvertrages nicht zahlen durfte, so liegt doch das überwiegende Versehen auf Seiten des Beamten, welcher die gesetzlichen Bestimmungen kennen mußte und den dem bäuerlichen Stande angehörigen Kläger durch Vornahme der Verpachtung nicht in den Glauben versetzen durfte, es handele sich um eine gesetzlich zuläßige Zwangsvollstreckungsmaßregel (R.G. Bolze 11 Nr. 174).

2. Die wider einem Steuererheber auf Erstattung zu unrecht erhobener Steuer eingelegte Klage ist abgewiesen, weil der Beamte nur subsidiär haftet und Kläger zunächst die Verwaltungsbehörde bis zu den obersten Instanzen wegen Zurückzahlung angehen müsse (R.G. Bolze 22, Nr. 212).

3. Der Rechtsirrthum betr. Nichtheranziehung der Miterben zur Steuer ist nicht entschuldbar. Die Entschuldbarkeit muß der Beamte beweisen. Er haftet dem Staat für den Schaden (R.G. in Gruchot's Beiträgen 30, 137).

4. Ein Gemeindvorsteher hatte unterlassen, ein Forsthaus in der Beschreibung der Gebäude eines Eigenthümers aufzunehmen. In Folge dessen war dasselbe zur Gebäudesteuer nicht herangezogen. Als der Irrthum entdeckt wurde, war die Steuer schon verjährt. Der Gemeindevorsteher ist zum Ersatz der ausgefallenen Abgabe verurtheilt (R.G. Bolze 10 Nr. 270).

XIV. Staatsanwaltschaft.

1. Ein Amtsanwalt in Preußen hatte entgegen § 29 der Geschäftsanw. f. die A.A. (J.-M.-Bl. 1879, S. 217) einen von der

Polizeibehörde vorläufig Festgenommenen weder dem Amtsrichter vorgeführt noch dessen Freilassung angeordnet; der Festgenommene war vielmehr, nachdem er in das Gerichtsgefängniß aufgenommen, am folgenden Tage ohne weitere Anordnung in das städtische Lazareth wegen Krankheit überführt. Die Regreßklage des Justizfiskus, welcher die Krankenkosten der Stadt hat erstatten müssen, gegen den Amtsanwalt ist durchgedrungen, weil der Amtsanwalt allein über den Gefangenen die Verfügung hatte und letzterer trotz Ueberführung in die Krankenanstalt nicht entlassen, vielmehr zur Disosition der Justizbehörde geblieben war (R.G. E. 10, 231).

2. Der Sekretariatsvorsteher muß für die unverzügliche Erledigung einer mit dem Vermerk „Eilt" versehenen Verfügung des Staatsanwalts auch außerhalb der gewöhnlichen Geschäftsstunden sorgen (R.G. Bolze 23 Nr. 261).

3. Ein Hilfsbeamter der Staatsanwaltschaft hatte beschlagnahmte Fischereigeräthschaften nicht sofort nach Zustellung des die Freigabe anordnenden Gerichtsbeschlusses herausgegeben, sondern erst sich an die Staatsanwaltschaft gewandt. Die Schadensklage wegen verspäteter Herausgabe ist abgewiesen, weil ein Versehen nicht schon dann vorliegt, wenn in zweifelhaftem Falle der Beamte seiner Auffassung folgt, während die ihm vorgesetzte Behörde oder das erkennende Gericht ein anderes Verfahren später für richtiger hält (R.G. Bolze 18 Nr. 187).

4. Ein Staatsanwalt hatte versäumt, die Zurücknahme eines erledigten Steckbriefes anzuordnen und wurde, weil in Folge dessen der verfolgt Gewesene verhaftet und transportirt wurde, zum Ersatz der Transportkosten an den Fiskus verurtheilt (R.G. Bolze 10 Nr. 272).

5. Siehe auch unter VI A. S. 123.

XV. Taxatoren.

1. Ein preuß. Gerichtstaxator, welcher eine Taxe über ein Grundstück anfertigte, welche davon ausging, daß auf diesem Grundstück ein Wohnhaus stehe, welches in Wahrheit auf einem anderen Grundstück stand, ist wegen grober Fahrlässigkeit zum Ersatz des Schadens verurtheilt, den der Kläger dadurch erlitt, daß er im Vertrauen auf die Richtigkeit der Taxe eine auf dem in der Taxe bezeichneten Grundstück haftende Hypothek erwarb (R.G. Bolze 2 Nr. 556).

2. Ein amtlich bestellter und vereideter Taxator für ländliche Grundstücke hat wegen des von ihm bei Schätzung solcher Grundstücke begangenes Versehens mindestens dann, wenn er die Richtigkeit der Taxe auf den von ihm ein für allemal geleisteten Eid genommen hat, dritten Personen, welche durch ihren Glauben oder durch den Glauben ihrer Vertreter an diese Richtigkeit in Folge jener Verfehlung einen Vermögensschaden erlitten haben, auch außerkontractlich hierfür aufzukommen. Mitverschulden des Vormundes ist unerheblich (R.G. Bolze 9 Nr. 184).

XVI. Wassergenossenschaft.

Der Vorsitzende des Vorstandes einer öffentl. Wassergenossenschaft, welcher glaubte, ohne Genehmigung des Vorstandes eine Anschaffung machen und dafür Zahlung leisten zu dürfen, wozu er nach dem Statut nicht berechtigt war, haftet auf Ersatz, aber erst, wenn die von dem Empfänger mittelst der condictio indebiti zurückzufordernde Zahlung nicht zu erlangen ist (R.G. Bolze 2 Nr. 561).

Zusätze und Berichtigungen.

1. Auf S. 11 vor Zeile 12 v. unten:

Nach Art. 145 E. G. z. B.G.B. sind die landesgesetzl. Bestimmungen über das Depositenwesen unberührt geblieben.

2. Auf S. 13 hinter Zeile 15 von oben:

Vgl. ferner Art. 108 E. G. z. B.G.B., bairisches A. G. z. B.G.B. Art. 142 u. 145; hessisches A. G. z. B.G.B. Art. 275.

3. Auf S. 21 hinter Zeile 19 v. o.:

Die bloß auf Grund eines privaten Dienstvertrages gemäß §§ 611 B.G.B. des B.G.B. angenommenen, nicht als Beamte angestellten Hilfskräfte, denen nach feststehender gerichtlicher Praxis Beamteneigenschaft nicht zusteht, fallen nicht unter den § 839 B.G.B. Ihre Verantwortlichkeit bei Dienstwidrigkeiten richtet sich lediglich nach dem allgemeinen Rechte. Gelegentlich von Behörden zu Rathe gezogene nichtbeamtete Aerzte und Thierärzte fallen ebensowenig unter § 839, als die Mitglieder der von den Stadtverordneten aus ihrer eigenen Mitte gewählten Deputationen einer städtischen Verwaltung.

4. Auf S. 22 vor Zeile 3 v. unten:

Nach Art. 79 E. G. z. B.G.B. bleiben unberührt die landesgesetzlichen Vorschriften, nach welchen die Beamten für die von ihnen angenommenen Stellvertreter und Gehülfen in weiterem Umfange als nach dem B.G.B. haften.

Der Vorbehalt bezieht sich nur auf die Haftung des Beamten Dritten gegenüber, nicht gegenüber dem Staate. In letzterer Beziehung entscheidet gemäß Art. 80 E. G. z. B.G.B. das öffentliche Recht des betr. Bundesstaates. Vgl. S. 85.

Nach dem § 831 B.G.B., welcher auch für die Fälle des § 839 B.G.B. Anwendung findet, und S. 99 abgedruckt ist, haftet der Beamte für den von dem Vertreter oder Gehülfen in Ausführung ihrer Verrichtungen zugefügten Schaden, ohne daß es des Beweises eines ihm zur Last fallenden Verschuldens bedarf, sofern er nicht den Beweis seiner Schuldlosigkeit nach Maßgabe des § 831 Satz 2 erbringt. Die Landesgesetzgebung kann nun auf Grund des Art. 78 diese Haftung noch erweitern, also z. B. bestimmen, daß dem Beamten der gedachte Gegenbeweis nicht zustehen, der Beamte vielmehr unbedingt haften soll. In Betracht kommen hier insbesondere Fälle, in welchen Gerichtsvollziehern, Versteigerungsbeamten und Notaren die Zuziehung von Vertretern und Gehülfen gestattet ist. § 278 B.G.B. findet hier keine Anwendung.

Bei Preußen kommen in Betracht: §§ 41—45 I, 13 A.L.R. (Art. 89 Nr. 1b A. G. z. B.G.B.); wegen der Notare vgl. S. 81, für Baiern das Notariatsgesetz Art. 115, vgl. S. 105; für Württemberg A. G. z. B.G.B. Art. 96 Abs. 5 u. Art. 102 Abs. 2; für Hessen Notariatsgesetz vom 15. März 1899 Art. 21, 32; Verordnung vom 2. Aug. 1899, die Ortsgerichte betreffend, Art. 15 Abs. 3; für Elsaß-Lothringen §§ 37 u. 38 A. G. z. B.G.B., vgl. S. 107.

5. Auf S. 24 vor Zeile 3 v. u.:

Wenn ein Dienstbefehl den Beamten unter Umständen von der eigenen Verantwortlichkeit entbindet, so gilt ein Gleiches nicht von dem bloßen Einverständniß, selbst dann nicht, wenn der Vorgesetzte den Untergebenen geradezu angewiesen hat, eine Verfügung zur Genehmigung vorzulegen und bei Ertheilung der Genehmigung redaktionelle Aenderungen der Verfügung vorgenommen hat. So mit Recht der I. Senat des O. V. G. in einer Entscheidung vom 17. November 1899.

6. Auf S. 25 hinter Zeile 12 v. o.:

Die Ansicht von Geser erscheint nicht zutreffend. Die Mitglieder der verschiedenen Instanzen haften als Gesammtschuldner, wenn und soweit sie nebeneinander ein Verschulden trifft. Vgl. auch S. 39 ff.

7. Auf S. 28 vor Zeile 11 v. u.:

Auch der Begriff „Amtspflicht" bestimmt sich nach dem öffentlichen Recht, nämlich nach den für die Stellung des Beamten bestehenden Gesetzen und Dienstvorschriften und den ihm ertheilten Sonderaufträgen. (A. L. R. II, 10, § 85.) So mannigfach und unbegrenzt der Dienst des Beamten hiernach ist, so mannigfach können auch die Verletzungen der Amtspflicht sein.

8. Auf S. 34 vor Zeile 11 v. u.:

Die Auffassung des O. V. G. ist folgende: In einer objektiv rechtswidrigen Verfügung liegt eine fahrlässige Amtsüberschreitung an sich nicht. Rechtsirrthum freilich gilt stets als Fahrlässigkeit. (Vgl. Entsch. des O. V. G. B. 14 S. 420 ff.) Solcher Rechtsirrthum liegt auch vor, wenn ein Beamter eine Dienstanweisung aus Unkenntniß verletzt. (Entsch. des O. V. G. B. 15 S. 443 ff.) Eine aus Irrthum in der Beurtheilung und Feststellung thatsächlicher Verhältnisse vorgenommene rechtswidrige Handlung eines

Beamten hält das O. V. G. in älteren Entscheidungen (B. 8 S. 408 u. 417) unter Umständen überhaupt nicht für Amtsüberschreitungen.

Stephan, S. 14 meint: „Man wird dieser Auffassung zustimmen können, jedoch auch nicht fehl gehen, wenn man gröberen Irrthum auch über Thatsachen als zu vertretende fahrlässige Amtsüberschreitung ansieht."

9. Auf S. 47 hinter Zeile 5 v. o.:

Der in Anspruch genommene Beamte hat das Verschulden auf Seiten des Beschädigten zu behaupten und zu beweisen.

10. Auf S. 47 in Anm. 1:

Unzutreffend ist die in einem Commentar zum B.G.B. (von Oertmann) vertretene Auffassung, daß Absatz 3 sich nur auf den die Sonderbestimmung für richterliche Beamte enthaltenden vorhergehenden Absatz beziehe. Ein innerer Grund für eine derartige Einschränkung liegt nicht vor; denn der Vorsatz oder die Fahrlässigkeit in Versäumung eines Rechtsmittels ist bei einem mit einem Urtheil abschließenden Verfahren nicht anders geartet, als beim Beschlußverfahren. (Stephan S. 15.)

11. Auf S. 49 in Anm. 3:

oder wenn ein Polizeibeamter ein beschlagtnahmtes Nahrungsmittel rechtswidrig vernichtet hat.

12. Auf S. 56 § 22 zu a—c:

Eine genaue Zusammenstellung findet sich in Johow's Begründung des Entwurfs eines Sachenrechts S. 142 ff.

In den meisten Staaten war die Haftpflicht des Staates eine subsidiäre. In Elsaß-Lothringen ist sie nach dem Gesetze v. 22. Juni 1891 § 32 eine prinzipale.

13. Auf S. 59 vor Zeile 9 v. u.:

Abgesehen von der Subsidiarität hat der Staat gemäß § 417 B.G.B. alle Vertheidigungsmittel, welche dem Grundbuchbeamten, wenn er selbst verklagt worden wäre, zugestanden haben würden. Für die im Zustande krankhafter Geistesstörung vorgenommenen Amtshandlungen haftet der Staat nicht. Wenn sich aber der Grundbuchrichter durch geistige Getränke oder dgl. in einen vorübergehenden Zustand der Bewußtlosigkeit u. s. w. versetzt hat, so haftet der Staat, wie wenn dem Grundbuchbeamten Fahrlässigkeit zur Last fiele, die Haftung ist nur ausgeschlossen, wenn der Staat beweist, daß der Beamte ohne Verschulden in diesen Zustand gerathen ist.

Bei dem Prozesse braucht der Grad der Fahrlässigkeit nicht festgestellt werden. Dieser ist nur von Bedeutung für den Regreß des Staates gegen den Beamten. Der Beamte kann nach Oberneck S. 477 als Zeuge eidlich vernommen werden, da er nicht unmittelbar betheiligt ist, auch wenn ihm der Staat den Streit verkündet hat (§§ 68, 72, 66 CPO.).

Nach Oberneck S. 478, unterliegt das Rechtsverhältniß des Fiskus zu dem Entschädigungsberechtigten den Grundsätzen der Schuldübernahme. (§§ 414 ff. B.G.B.) Es ist eine gesetzliche Sondernachfolge des Staates in die Schuld des Grundbuchbeamten, deren sofortige Wirkung auf den Gläubiger auf die Fiction einer stillschweigenden Genehmigung desselben im Moment der objektiv entstandenen Delictsobligation zurückzuführen ist. Mit eigenen Forderungen z. B. Kosten und Stempel der Auflassung bezw. Eintragung kann der Fiskus ohne Weiteres kompensiren, mit Forderungen des Beamten gegen den Geschädigten erst nach deren Abtretung.

Die Verantwortlichkeit des Staates erlischt gemäß § 852 B.G.B.[1]) Der Staat wird jedoch, soweit er Kosten für Vornahme von amtlichen Verrichtungen des Grundbuchbeamten empfangen hat, ohne daß dieselben ordnungsmäßig ausgeführt sind, als ungerechtfertigt bereichert angesehen werden dürfen, denn es handelt sich um Gebühren für gemachte bezw. zu machende Leistungen der Beamten des Staates.[2])

Anstifter, Mitthäter, Gehülfen zu dem Versehen des Grundbuchbeamten haften gemäß § 840 B.G.B., soweit sie nicht Grundbuchbeamte sind, solidarisch mit dem Staate für den Schaden.

14. Auf S. 60 hinter Zeile 7 von oben:

Dernburg, das B.G.B. III § 35 unter 3 S. 103 will dagegen dem Grundbuchrichter die Rechte des Spruchrichters insoweit zubilligen.

15. Auf S. 85 hinter Zeile 15 von oben:

und hessisches A. G. z. B.G.B. Art. 76.

---

[1]) Vergl. oben S. 55.

[2]) Dernberg, Lehrb. des preuß. Rechts I § 206 Anm. 8 u. Oberneck S. 477.

Sachregister.

(Die Zahlen bedeuten die Seiten.)

A.

B.

C. s. K.

D.

E.

F.

G.

S.

T.

U.

V.

W.

Z.

„Typographia", Kunst- u. Setzmaschinendruckerei G. m. b. H., Berlin SW., Friedrichstr. 16.

FSC
www.fsc.org
MIX
Papier | Fördert
gute Waldnutzung
FSC® C083411

Kolibri 360 GmbH
Ferdinand-Jühlke-Straße 7
99095 Erfurt, Deutschland
produktsicherheit@kolibri360.de